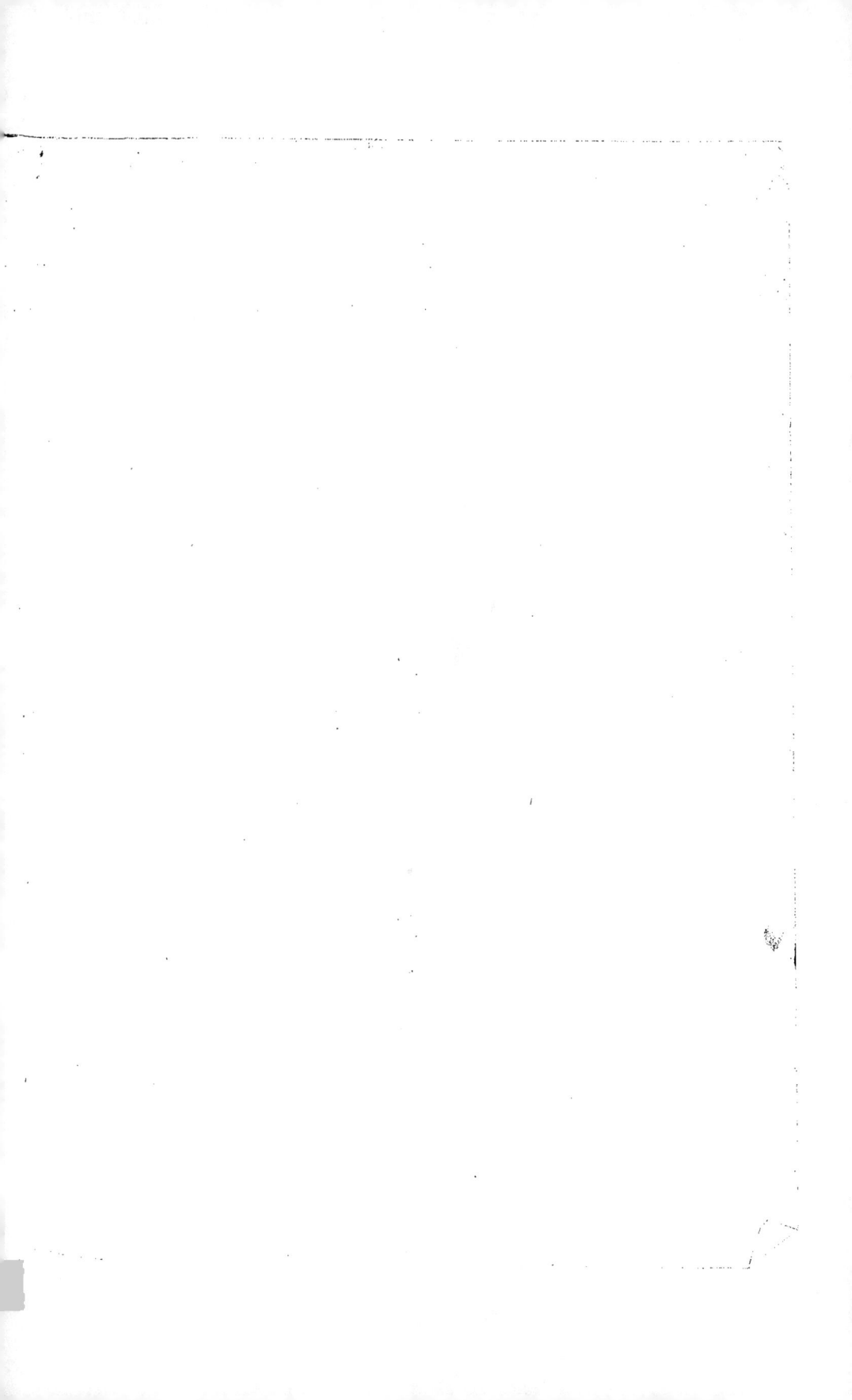

OBSERVATIONS

DE LA

CHAMBRE DE COMMERCE

de Marseille,

SUR LA LÉGISLATION

RELATIVE

Aux Faillites et Banqueroutes.

20896

OBSERVATIONS

de la

CHAMBRE DE COMMERCE

de Marseille,

SUR LA LÉGISLATION

relative

AUX FAILLITES ET BANQUEROUTES.

MARSEILLE,

Typographie d'ANTOINE RICARD, Imprimeur de la Préfecture, de la Ville et de l'Intendance Sanitaire, Rue Cannebière, N° 19.

1827.

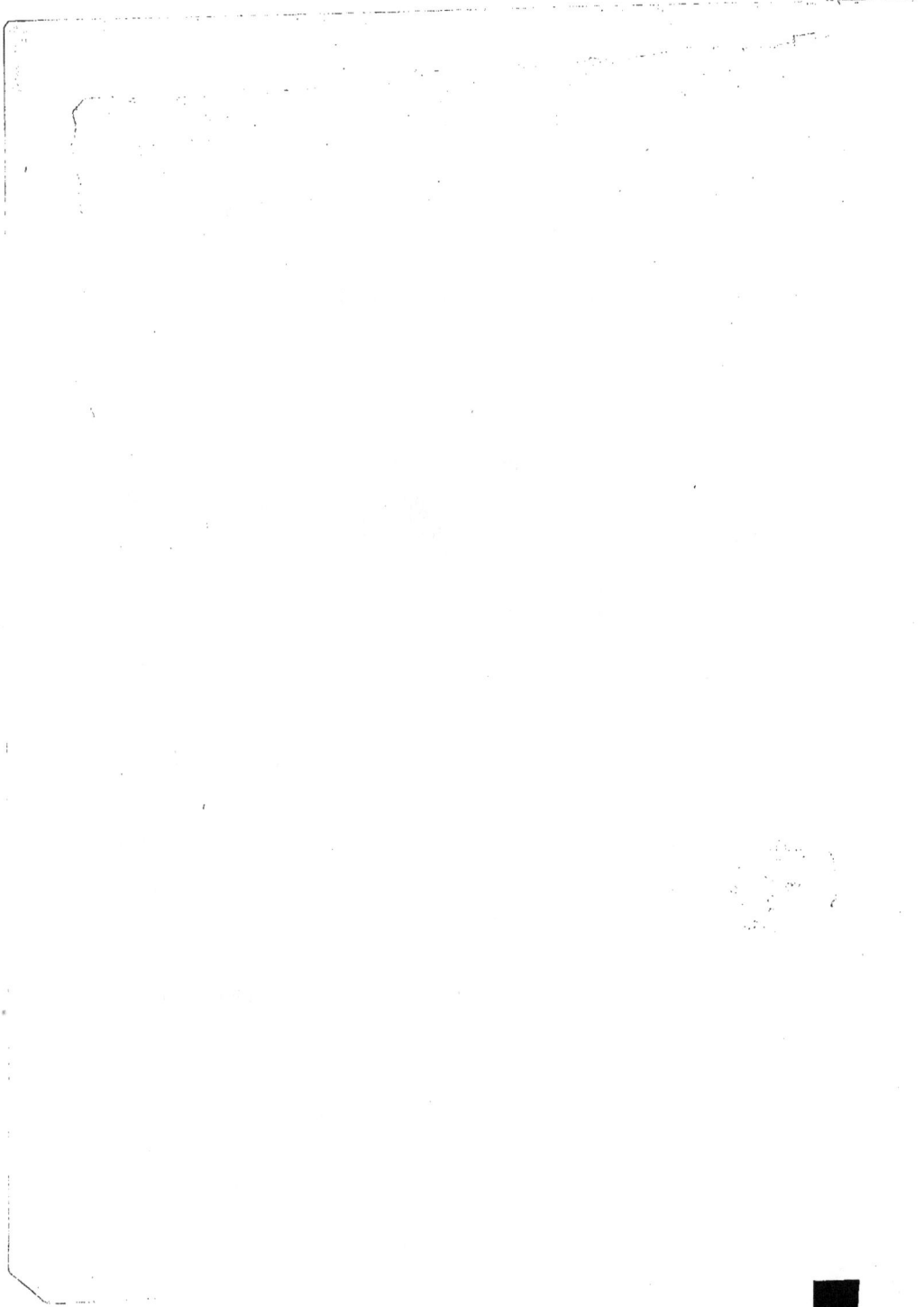

OBSERVATIONS
PRÉLIMINAIRES.

Treize articles de l'ordonnance de 1673 et quelques édits et déclarations, ont formé, pendant plus d'un siècle, toute la législation des faillites et banqueroutes.

Cette législation ne suffisait plus aux besoins du Commerce.

Une loi plus complète était devenue nécessaire.

Rédigée par des mains habiles, elle est en vigueur depuis vingt ans.

Ses effets répondent-ils à l'espérance de ses auteurs ?

Elle veut que toutes les faillites soient soumises à l'examen des Tribunaux. . . . .

Les Faillis et les Créanciers semblent s'entendre pour écarter l'intervention de la justice.

Elle prohibe les Concordats clandestins. . . . .

Ils ne furent jamais plus nombreux.

Elle prononce des peines sévères contre les banqueroutiers.....

Ils ne jouirent dans aucun temps, de plus d'impunité.

Elle entend que le sort des Créanciers soit égal. . . . .

Soustraites à l'action judiciaire, les faillites restent livrées à la plus déplorable anarchie : chaque créancier s'isole de la masse et ne cherche plus qu'à négocier son traité particulier, à des conditions plus avantageuses.

Cet état de choses a frappé l'attention du Gouvernement.

Consultée sur les améliorations dont la loi sur les faillites est susceptible, la Chambre de Commerce de Marseille vient offrir le tribut de ses réflexions.

Elle a vivement senti la nécessité d'amender la législation existante.

Des théories nouvelles ont été proposées.

Les uns auraient voulu que la conduite du Failli fût soumise à l'examen d'un Jury de négocians, qui déciderait si le débiteur mérite les rigueurs de la loi ou l'indulgence des Créanciers.

Les autres auraient désiré que le Failli fût dépouillé de ses biens dès l'ouverture de la faillite, et renvoyé devant les Tribunaux ordinaires : la faveur du Concordat ne serait accordée qu'aux faillis que les Magistrats auraient déclarés exempts de blâme.

Mais la Chambre a bientôt reconnu l'illusion de ces systèmes, et les difficultés de leur exécution.

Elle a considéré, d'ailleurs, qu'elle était bien moins consultée sur des théories nouvelles, que sur les améliorations à faire au Code existant.

Se renfermant dans cette tâche , elle a dû porter , tout à la fois , son attention sur les inconvéniens que l'expérience a constatés, et sur les moyens de les prévenir.

Elle a reconnu d'abord qu'on se plaignait , avec raison , de la lenteur et des frais de la direction des faillites.

Les délais sont évidemment trop longs , les formalités trop multipliées et trop coûteuses.

Lorsque les Créanciers sont convoqués pour délibérer sur le Concordat , ils sont déjà fatigués. Ils cèdent par lassitude plutôt que par conviction.

La Chambre demande qu'on donne une impulsion plus rapide à la marche des faillites , et que l'économie soit jointe à la célérité.

Sans doute, des formalités et des délais sont indispensables ; mais il ne doit plus dépendre des Agens et des Syndics de les différer ou de les prolonger à leur gré (1).

On se plaint aussi de la connivence fréquente des Syndics avec le Failli.

Le rapport que l'article 517 du Code les oblige de faire est presque toujours insignifiant ; et il est rare que les Créanciers soient assez instruits de la situation de la faillite, pour délibérer avec connaissance de cause.

---

(1) Voyez les articles 14 , 28, 124 , 127 , 142 , 144 , 177 , 217 et 219 du Projet ci-après.

La Chambre, qui sait combien ces plaintes sont fondées, propose, sur la forme du compte à rendre par les Syndics, des dispositions telles qu'ils ne puissent pas dissimuler aux Créanciers le véritable état de la faillite (1).

Toutefois, en cherchant les moyens de prévenir les effets de la connivence des Syndics avec le Failli, elle provoque des peines sévères contre ceux qui se rendraient coupables de cette prévarication (2).

La répugnance des Créanciers pour le contrat d'union, les porte presque toujours à signer le Concordat offert par le Failli.

La Chambre propose, en remplacement de ce contrat, un mode économique et simple de réaliser les biens de la faillite au profit de la masse (3).

Si ce mode est adopté, les Créanciers pourront, sans crainte d'empirer leur sort, refuser un Concordat qui serait lésif pour eux, ou qu'ils croiraient peu mérité par le Failli.

L'impunité des Banqueroutiers excite des réclamations générales.

La Chambre en a recherché les causes avec soin, et les a signalées dans ses observations sur le titre 15 de son Projet (4).

----

(1) Voyez les observations en tête du chapitre trois du titre 7, et les articles 152, 153, 154 et 155 du Projet.

(2) Voyez les articles 238, 240 et 241 du Projet.

(3) Voyez les observations en tête du titre 10 du Projet.

(4) Pag. 98, 99 et 100.

Elle a porté son attention sur les moyens de rendre la manifestation de la vérité plus facile, et d'empêcher que le rapport de Syndics timides ou prévaricateurs pût, désormais, soustraire le Failli aux peines qu'il aurait encourues.

Les articles du Code actuel, relatifs aux effets de l'ouverture de la faillite et aux droits des femmes, ont paru susceptibles de modifications et d'améliorations importantes (1).

Entr'autres dispositions nouvelles, la Chambre a cru devoir proposer l'annulation des donations que le Failli aurait faites à ses enfans, autrement qu'en contrat de mariage, lorsque déjà l'actif de son commerce était inférieur à son passif.

Elle a considéré ces donations comme une source de fraudes et d'abus (2).

Elle a pensé que le titre relatif au droit de revendication devait être presque entièrement refondu. En présentant de nouvelles dispositions à cet égard, elle a porté une attention particulière aux difficultés qui naissent de l'exercice de ce droit (3).

La Chambre vient de faire connaître les principaux amendemens qu'elle propose.

Elle ne croit pas devoir indiquer ici les améliorations d'un intérêt

---

(1) Voyez les articles 57, 64, 82, 97 et 100 du Projet.

(2) Voyez l'article 61 du Projet.

(3) Voyez le titre 5ᵉ du Projet.

moins important, dont elle demande pareillement l'introduction dans la loi future (1).

Elle aurait vivement désiré de pouvoir présenter son travail en suivant l'ordre des titres et des articles de la loi actuelle.

Mais elle l'a tenté vainement.

La division de cette loi paraît défectueuse ; et celles de ses dispositions qui doivent être maintenues, ont besoin d'être mieux classées.

La Chambre a trouvé qu'il y avait tant d'articles à transposer, à supprimer, à modifier, et tant de lacunes à remplir et d'additions à faire, que pour rendre exactement sa pensée et donner quelque utilité à ses observations, elle a dû refondre entièrement la loi qu'il s'agit d'améliorer, et la rédiger sous la forme d'un Projet complet.

---

(1) Articles 12, 23, 25, 43, 123, 167, 172, 177.

TABLE

Des Titres et Chapitres

DU PROJET.

4

PROJET DE LOI

SUR

LES FAILLITES ET BANQUEROUTES.

TITRE 1ER.

Déclaration de la Faillite et Mesures conservatoires dans l'intérêt des Créanciers.

CHAPITRE 1ER.

Jugement déclaratif de la Faillite, Apposition des Scellés et Nomination des Agens.

1.

Tout Commerçant qui cesse ses payemens est en état de faillite.

(Art. 437 du Code de Commerce.)

2.

Tout Failli sera tenu, dans le jour qui suivra la cessation de ses payemens, d'en faire la déclaration au Greffe du Tribunal de Commerce.

Cette déclaration sera reçue sur un registre à ce destiné, et signée par le Failli lui-même ou par un mandataire spécial.

La Chambre a pensé que le délai de trois jours que l'art. 440 du Code actuel accorde au Failli pour faire la déclaration de sa faillite, était trop long.

L'intervalle qui sépare la faillite, de sa déclaration, est presque toujours employé au détriment de la masse.

1

3.

En cas de faillite d'une société en nom collectif, il suffira que la déclaration soit faite par un des Associés gérans.

Dans ce cas, la déclaration devra contenir le nom et l'indication du domicile de chacun des Associés solidaires.

(*Art. 440 du Code de Commerce.*)

4.

Au fur et à mesure qu'une déclaration de faillite sera faite, le Greffier sera tenu, sous sa responsabilité personnelle, de la mettre incontinent sous les yeux du Tribunal qui rendra, aussitôt, un Jugement portant que la faillite est ouverte.

Cet article est proposé pour qu'il n'y ait pas le moindre retard entre la déclaration du Failli et le Jugement d'ouverture de la faillite.

5.

L'ouverture de la faillite peut être également déclarée par le Tribunal de Commerce, soit à la requête des Créanciers, soit d'office, sur la notoriété publique.

(*Art. 449 du Code de Commerce.*)

6.

Le Jugement qui déclarera la faillite, ordonnera l'apposition immédiate des scellés sur les magasins, comptoirs, caisses, portefeuilles, livres, registres, papiers et meubles des Faillis.

Il nommera l'un des Juges, Commissaire de la faillite, et un ou plusieurs Agens, suivant l'importance de la faillite.

Les Agens pourront être choisis parmi les Créanciers présumés, ou toutes personnes qui offriraient le plus de garantie pour la fidélité de leur gestion.

Ce jugement sera exécutoire par provision, nonobstant opposition et appel.

(*Art. 451, 452, 454 et 456 du Code de Commerce.*)

7.

Dès que le Jugement portant déclaration de la faillite aura été rendu, le Greffier du Tribunal sera tenu, sous sa responsabilité personnelle, d'adresser, sur-le-champ, au Juge de Paix une notice analytique dudit Jugement. Le Juge de Paix procédera immédiatement à l'apposition des scellés.

Si la faillite est faite par des Associés en nom collectif, les scellés seront apposés non-seulement dans le principal manoir de la Société, mais encore dans le domicile séparé de chacun des Associés solidaires.

Et si ces Associés résident dans le ressort de Juges de Paix différens, le Greffier adressera la notice ci-dessus à chacun de ces Juges de Paix.

(*Art. 452 du Code de Commerce.*)

L'apposition des scellés est une mesure très-urgente.

Elle serait exposée à des lenteurs préjudiciables si elle devait être requise par l'Agent.

L'Agent peut refuser sa nomination; s'il l'accepte, il ne peut entrer en exercice qu'après s'être fait délivrer une expédition du Jugement qui le nomme.

De là, tout autant de causes de retard.

Il convient donc de charger le Greffier de provoquer la mise des scellés.

8.

Dans les vingt-quatre heures qui suivront ce Jugement, le Greffier en fera exposer une notice sommaire, certifiée par lui, sur un tableau à ce destiné, dans la Salle d'audience du Tribunal.

Il adressera une semblable notice au Maire, pour être affichée, à la Bourse s'il y en a une dans la ville où la faillite est ouverte, et dans l'Hôtel de Ville s'il n'y a pas de Bourse.

Il fera insérer la même notice dans le Journal d'annonces judiciaires, conformément à l'art. 683 du Code de Procédure civile. Les frais de cette insertion lui seront remboursés sur les premiers deniers disponibles de la faillite.

On ne saurait mettre trop de célérité et trop d'économie dans l'administration des faillites.

L'impression et le procès verbal d'affiches du Jugement qui déclare la faillite sont des formalités coûteuses.

L'affiche ne peut pas être considérée comme une peine contre le Failli, puisqu'il n'est pas encore jugé.

Elle doit être seulement considérée comme un avis aux Créanciers.

Mais, en matière de commerce, les Créanciers ont les yeux constamment fixés sur leur débiteur.

On ne doit pas craindre qu'ils ignorent sa déconfiture.

Une faillite est toujours accompagnée d'une certaine rumeur dans le monde commerçant: elle est bientôt annoncée dans les places qui y sont intéressées.

Il y aura, d'ailleurs, assez d'autres avis affichés (*Vide les articles 15 et 145 du présent projet*) pour qu'on puisse, sans crainte de nuire aux Créanciers, supprimer la formalité dispendieuse de l'impression et du procès verbal d'affiches du Jugement déclaratif.

La Chambre a pensé qu'il suffisait, pour le moment, du mode de publicité ci-dessus, dont l'exécution devait être confiée au Greffier.

Cet Officier ministériel devant signer le Jugement qui déclare la faillite, peut, à l'instant même, en faire des extraits analytiques. Cette mesure réunira l'économie à la célérité. Il suffira d'allouer une légère rétribution à ce Greffier, par addition au Réglement contenu dans l'Ordonnance Royale du 9 octobre 1825.

Lorsqu'il s'agira de convoquer les Créanciers pour élire les Syndics ou pour délibérer le Concordat, ou lorsqu'il s'agira de les mettre en demeure, des affiches imprimées seront nécessaires. Mais l'affiche imprimée du Jugement déclaratif de la faillite n'est qu'un mode d'avis dont la suppression est sans inconvénient, et donnera une économie de frais.

9.

Le Juge de Paix pourra aussi apposer les scellés, sur la notoriété acquise.

(*Art. 450 du Code de Commerce.*)

10.

Dans tous les cas, le Juge de Paix adressera, sans délai, au Tribunal de Commerce, le procès verbal d'apposition des scellés.

(*Art. 453 du Code de Commerce.*)

11.

Lorsque les scellés auront été apposés d'office par le Juge de Paix, le Tribunal, en recevant le procès verbal d'apposition, procédera ainsi qu'il est dit par les articles 4 et 6 du présent titre.

(2ᵉ *Alinéa de l'art. 454 du Code de Commerce.*)

12.

Le Jugement portant déclaration de faillite pourra être attaqué par la voie de l'opposition de la part du Failli.

Mais cette opposition devra être formée dans la huitaine, au plus tard, de l'apposition des scellés, et ne sera plus recevable après ce délai.

Si cette apposition a été faite d'office par le Juge de Paix, en conformité de l'art. 9, l'opposition sera recevable de la part du Failli jusqu'à l'expiration de la huitaine qui suivra le Jugement déclaratif de faillite, que le Tribunal rendra conformément à l'art. 11.

Dans ces divers cas, l'acte d'opposition du Failli devra, à peine de nullité, contenir ajournement au premier jour d'audience du Tribunal, et être intimé, à cet effet, à l'Agent de la faillite, ainsi qu'aux Créanciers qui auront requis la déclaration de faillite, si c'est sur leur demande que cette déclaration a eu lieu.

L'art. 457 du Code actuel admet l'opposition du Failli jusqu'à l'expiration de la huitaine après l'affiche du Jugement.

Cette disposition est abusive.

L'affiche des Jugemens est fréquemment retardée d'un mois, et quelquefois de deux.

Les Agens ont toujours quelque prétexte pour excuser ce retard.

Cet intervalle de temps est employé à préparer des concordats clandestins, dans lesquels les droits des Créanciers honnêtes sont presque toujours sacrifiés.

Lorsque la faillite a été déclarée sur la demande d'un Créancier, le Failli, après avoir pris des arrangemens avec lui, se pourvoit en opposition dans la huitaine de l'affiche du Jugement, affiche que l'Agent a retardée jusqu'alors.

Le Tribunal fait bien un appel aux Créanciers, en ordonnant que l'opposition du Failli sera rendue publique par l'insertion au Journal d'annonces judiciaires ; mais les Créanciers qui ont signé le concordat clandestin gardent le silence, et le Tribunal est obligé de rétracter son Jugement de déclaration.

C'est ainsi que beaucoup de Faillis échappent à l'investigation de leur conduite, retirent leurs titres d'obligation sans les payer, bravent les lois sur les faillites, et continuent de jouir des honneurs du Commerce, sans réhabilitation.

Frappée de ces abus, dont l'exemple n'est que trop fréquent, la Chambre demande, avec instance, que la huitaine accordée au Failli pour l'opposition soit comptée du jour de l'apposition des scellés dans son domicile.

Cette apposition ayant lieu dans sa propre maison, et lui enlevant la disposition de ses écritures et même de ses meubles, est un acte qu'il ne peut pas ignorer ; c'est donc à partir de cet acte que le délai de l'opposition doit courir à l'égard du Failli.

CHAPITRE 2.

Fonctions des Agens de la Faillite.

OBSERVATIONS.

La Chambre aurait désiré qu'il fût possible de se passer d'Agens, et d'organiser une administration moins précaire, dès le premier instant de l'ouverture de la faillite. Mais les Syndics ne peuvent être nommés que par une assemblée de Créanciers. Or, ces Créanciers n'étant pas toujours connus au moment de la faillite, et plusieurs

2

résidant même sur d'autres places, il est impossible qu'il n'y ait pas un intervalle de temps entre leur convocation et leur assemblée.

La masse ne peut cependant pas rester sans Agent pendant cet intervalle.

Il est indispensable que les Créanciers soient convoqués ;

Que la correspondance adressée au Failli soit lue ;

Que les effets à échéance soient recouvrés ;

Que les actions urgentes, et qui pourraient dépérir par le retard, soient introduites ;

Enfin, que la masse soit défendue sur les actions de revendication, de privilége, de rescision, etc., qui surgissent à l'instant même de l'ouverture de la faillite, et que les parties intéressées poursuivent aussitôt.

Une Agence provisoire est donc indispensable jusqu'à ce que les Syndics soient nommés.

Toutefois, la Chambre a pensé que l'administration des Syndics étant la plus régulière, il convenait de hâter leur nomination, et de circonscrire, dans les limites les plus étroites, la nature et la durée des fonctions des Agens.

C'est dans ce sens qu'elle a rédigé le présent chapitre, dans lequel elle a réuni les attributions qu'il convient de laisser aux Agens, attributions qui étaient disséminées dans plusieurs chapitres du Code actuel.

La Chambre a pensé que la rédaction du Bilan et sa vérification étaient des opérations qui par leur importance et la nature des soins qu'elles exigent, devaient être confiées aux Syndics.

Ainsi, dans son projet, les Agens n'auraient pas à s'occuper du Bilan. Leurs fonctions (sauf le soin des affaires qui ne comportent pas de retard) auraient, pour objet essentiel, la plus prompte réunion de l'Assemblée qui doit élire les Candidats au Syndicat.

13.

Si après l'entrée en fonctions des Agens, les scellés n'avaient point encore été apposés, les Agens requerront le Juge de Paix de procéder incontinent à cette apposition.

Cet article est conforme au 462ᵉ du Code actuel, sauf la formalité du serment qui est supprimée, comme cause de retards.

Les scellés ont dû être apposés sur l'avis du greffier. (Art. 7 du présent projet.)

Cependant si, contre toute attente, cette formalité n'était pas remplie au moment où l'Agent entre en fonctions, il devra la requérir sans délai.

Cette obligation, ainsi imposée à l'Agent, est une double garantie des intérêts de la masse.

14.

Dans les vingt-quatre heures de l'entrée en fonctions des Agens, ils demanderont au Juge-Commissaire une ordonnance de convocation des Créanciers de la faillite pour la formation d'une liste de présentation des Syndics.

Cette ordonnance désignera le lieu, le jour et l'heure de l'assemblée.

Il y aura, entre ladite ordonnance et l'assemblée des Créanciers, un délai de huitaine au moins, et de dix jours au plus.

15.

Les Agens seront tenus, sous leur responsabilité personnelle, de faire imprimer et afficher ladite ordonnance, et de la faire insérer dans le Journal des annonces judiciaires, conformément à l'art. 683 du Code de Procédure civile, cinq jours au moins avant l'assemblée.

16.

Les Agens demanderont au Failli un état certifié des Créanciers de la faillite; et si cet état est remis, les Agens convoqueront, par lettres missives à domicile, les Créanciers qui y seront portés.

Dans le cas où le Failli ne remettrait pas cet état dans les vingt-quatre heures, les Agens pourront vérifier sommairement et sans déplacement les livres du Failli, pour en extraire la note des Créanciers présumés auxquels ils adresseront des lettres de convocation. A cet effet, le Juge de Paix fera la levée des scellés, à la charge de les réapposer immédiatement après.

Toutefois, le mode de convocation par l'affiche de l'ordonnance du Juge-Commissaire, et par son insertion dans le Journal des annonces judiciaires, ainsi qu'il est dit dans l'article précédent, sera suffisant pour la validité des opérations de l'assemblée des Créanciers.

17.

Les Agens pourvoiront au recouvrement des effets du portefeuille, qui seront à courte échéance, et à l'acceptation de ceux qui en seront susceptibles.

Ces effets seront extraits des scellés par le Juge de Paix, décrits par lui, et remis aux Agens qui s'en chargeront sur son procès verbal, et qui en donneront un bordereau au Juge-Commissaire.

Les Agens pourvoiront également au recouvrement de toutes autres sommes dues au Failli, et exigibles.

Leurs quittances devront être visées par le Juge-Commissaire.

(*Art. 463 du Code de Commerce.*)

18.

Ils recevront les lettres adressées au Failli : ils les ouvriront s'il est absent ; s'il est présent, il aura le droit d'assister à leur ouverture.

Le Directeur de la Poste fera la remise de ces lettres aux Agens et Syndics, sur le certificat du Greffier du Tribunal, constatant la déclaration de la faillite et leur nomination.

(*Art. 463 du Code de Commerce.*)

19.

Les Agens seront tenus , dans les deux jours de leur entrée en exercice , de requérir inscription hypothécaire au profit de la masse générale des Créanciers, sur les biens immeubles du Failli , à tous les bureaux de conservation dans l'étendue desquels lesdits Agens lui connaîtront des possessions immobilières.

Les inscriptions hypothécaires seront reçues gratuitement et sans autres frais que les honoraires du Conservateur , sur un simple bordereau énonçant qu'il y a faillite , et relatant la date du Jugement qui l'aura déclarée.

L'élection de domicile sera , de droit , chez les Agens de la faillite , et , à l'expiration de leurs fonctions , chez les Syndics.

(*Art. 5oo du Code de Commerce.*)

Le Failli ne pouvant plus constituer d'hypothèques utiles, il semble, d'abord, qu'une inscription au profit de la masse générale de ses Créanciers est sans objet.

Toutefois, la précaution peut , dans certains cas , être avantageuse à la masse.

Par exemple , si des hypothèques ont été légalement constituées en temps opportun , et se trouvent non inscrites , ou si , ayant été inscrites , elles n'ont pas été renouvelées , il est évident que ces Créanciers hypothécaires auront le droit d'inscrire , nonobstant la faillite.

Il importe donc à la masse de prendre une inscription qui , dans ces cas , prime celle que ces Créanciers prendraient ultérieurement.

La Chambre demande donc le maintien de l'art. 5oo du Code actuel.

Mais elle émet le vœu :

1° Que cette inscription soit reçue sans frais , à l'instar de celles qui ont pour objet des hypothèques légales ;

2° Que l'élection de domicile ait lieu , de plein droit , chez les Agens , et , ensuite , chez les Syndics de la faillite , ce qui est nécessaire au complément de l'inscription.

20.

Les Agens feront retirer et vendre les denrées et marchandises sujettes à dépérissement prochain , après avoir exposé leurs motifs au Commissaire , et obtenu son autorisation. (*)

Sont applicables aux ventes qui seront ainsi faites par les Agens, les dispositions de l'art. 35 ci-après, relatives aux ventes faites par les Syndics.

(*) (*Art. 464 du Code de Commerce.*)

21.

Dans les divers cas ci-dessus , et dans tous ceux où il pourrait y avoir péril dans la demeure , les Agens introduiront , sous la surveillance du Juge-Commissaire , toutes instances et actions qui leur paraîtront convenables dans l'intérêt de la masse , et pourront même provoquer toutes mesures conservatoires.

La Chambre croit qu'il est convenable de restreindre les pouvoirs des Agens aux actions judiciaires qui ont pour objet des affaires insusceptibles de retard.

22.

Les Agens défendront sur toutes demandes qui seraient formées contre la masse des Créanciers.

Néanmoins , dans celles de ces affaires où il n'y aurait pas péril dans la demeure , les Tribunaux devront renvoyer après la nomination des Syndics , sauf d'ordonner provisoirement, s'il y a lieu, les mesures urgentes et conservatoires qui paraîtront convenables.

Des actions judiciaires sont très-souvent intentées contre la masse pendant la gestion des Agens.

Ceux-ci sont donc forcés de défendre.

Mais il importe que les affaires poursuivies contre la masse soient renvoyées après la nomination des Syndics , toutes les fois qu'elles peuvent comporter ce délai, sans inconvénient.

23.

Dans le cas où , conformément à l'art. 346 du Code de Commerce , des assureurs demanderaient caution pour le payement de la prime, et , à défaut , la résiliation de l'assurance , les Agens auront la faculté de maintenir le contrat , en affectant l'actif de la faillite au payement de la prime, avec un privilége venant immédiatement après les frais de justice et les priviléges spéciaux.

Le même droit appartiendra aux Syndics , si la demande était présentée après leur nomination.

Les primes d'assurance ne se paient presque jamais comptant.

Lorsque l'assuré débiteur de la prime pour un risque non encore terminé vient à faillir , les assureurs demandent ordinairement le cautionnement de la prime , et , à défaut de ce cautionnement, la résiliation de l'assurance.

Cette demande est fondée sur le 2e alinéa de l'art. 346 du Code.

Les agens de la faillite , ainsi attaqués , ont souvent offert de garantir la prime à titre de privilége sur l'actif de la faillite.

Mais les Tribunaux ont toujours décidé que le cautionnement exigé par l'art. 346 ,

3

devait être fourni par un tiers , et que la masse ne pouvait pas se cautionner elle - même.

Par suite de ces décisions , les masses n'ayant pas pu se procurer une caution tierce , les assurances ont été résiliées.

Et il est arrivé , plus d'une fois , qu'avant que les administrateurs de la masse aient pu faire de nouvelles assurances , le navire a péri en pure perte pour elle.

Ce grave inconvénient s'est répété assez souvent pour que la Chambre ait cru devoir proposer cet article qui lui paraît concilier les droits des assureurs et les intérêts de la masse des créanciers.

24.

Les Agens cesseront leurs fonctions aussitôt après la nomination des Syndics auxquels ils rendront compte de leur gestion , en présence du Juge-Commissaire.

Après leur reddition de compte , il leur sera alloué une indemnité , dont le montant sera déterminé par le Tribunal de Commerce qui statuera , après avoir entendu le Juge-Commissaire , sur simple mémoire et sans frais.

Si les Agens sont choisis parmi les Créanciers , ils ne recevront aucune indemnité.

CHAPITRE 3.

Assemblée des Créanciers pour la Nomination des Syndics.

25.

Au jour et à l'heure fixés par le Juge-Commissaire , conformément à l'art. 14 , les Créanciers présumés du failli se formeront en assemblée , sous la présidence de ce Juge.

Les présens , en quelque nombre qu'ils soient , délibéreront pour les absens.

Les Créanciers hypothécaires inscrits , ceux nantis d'un gage , et les privilégiés , ne seront pas admis à cette assemblée.

Les Créanciers chirographaires de moins de cent cinquante francs en seront pareillement exclus.

La nomination des Syndics est une mesure urgente.

Elle doit nécessairement appartenir aux créanciers présens.

La faillite est un naufrage au sauvetage duquel les intéressés présens doivent travailler, sans attendre ceux qui sont en retard ou trop éloignés.

Mais il a paru nécessaire de ne pas admettre à l'Assemblée dont il s'agit ici, les Créanciers hypothécaires et ceux qui sont privilégiés ou nantis.

Ces classes de Créanciers ont toujours été exclues du vote du Concordat. (*Art.* 520 *du Code actuel.*)

Et les motifs qui leur ont fait refuser le droit de vote dans cette circonstance, semblent devoir les faire exclure de l'assemblée qui élit les Syndics.

Désintéressés dans la faillite, ils n'y suivraient trop souvent que l'impulsion du failli.

La Chambre propose même d'exclure de l'assemblée qui doit élire les Syndics, les Créanciers chirographaires de moins de cent cinquante francs.

Voici les motifs du vœu qu'elle émet à cet égard.

L'expérience a prouvé que le failli recherche les créanciers des sommes les plus exiguës, toutes les fois que la majorité en nombre suffit pour la délibération.

Ainsi, par exemple, sur la place de Marseille, les assureurs créanciers de 20, 30 ou 40 fr. de primes, sont presque toujours payés à plein par le failli, sous la condition que dans toutes les délibérations ils voteront comme il l'entendra.

Cet inconvénient se fait moins sentir dans la délibération du Concordat, où il ne suffit pas de la majorité en nombre, et où il faut les trois quarts en sommes.

Mais il a une influence décisive dans l'élection des Syndics, qui a lieu à la simple majorité des votans.

Le fait suivant mérite d'être rapporté.

Trente-quatre assureurs, créanciers, en tout, de 1400 fr. de primes, ont été garantis par le failli, et ont donné leurs pouvoirs à l'ami qu'il leur a désigné.

Ce procureur fondé s'est présenté à l'assemblée, et ayant déposé un vote pour chacun des trente-quatre assureurs, il a fait, lui seul, l'élection des Syndics, nonobstant le vote contraire et unanime de vingt-huit Créanciers chirographaires, ayant ensemble 200,000 fr. de créances.

Cet abus se renouvelle souvent.

Il est à la connaissance de la Chambre, que l'influence du failli domine, plus d'une fois, l'élection des Syndics, au moyen des Créanciers de petites sommes.

La marche des faillites dépend presque toujours de la direction que les Syndics lui impriment.

Il importe donc que la désignation des Syndics soit faite par les véritables intéressés.

Sans doute, il serait injuste de refuser aux créanciers de moins de cent cinquante francs le droit de voter dans la délibération du Concordat, où il faut les trois quarts en sommes; mais on peut, sans leur porter préjudice, les éloigner de l'élection des Syndics, pour laquelle la simple majorité des votes suffit.

26.

Les Créanciers décideront, d'abord, à haute voix et à la majorité des suffrages, s'il y aura un, deux ou trois Syndics.

Ils formeront ensuite une liste triple du nombre des Syndics à nommer.

Les suffrages pour la formation de cette liste seront donnés au scrutin secret.

Chaque votant déposera dans le scrutin un bulletin contenant un nombre de noms triple des Syndics à nommer.

Les bulletins qui contiendraient un nombre de noms moindre, seront valables.

Ceux qui contiendraient un nombre excédant, seront nuls pour tous les noms en sus du triple des Syndics à nommer.

Les Créanciers pourront donner leur suffrage à des personnes étrangères à la faillite.

Après que tous les Créanciers présens auront déposé leur bulletin dans le scrutin, le Juge-Commissaire en fera le dépouillement, et en constatera le résultat, en présence des Créanciers.

La simple pluralité suffira pour l'élection ; en conséquence, ceux qui auront réuni le plus grand nombre de voix formeront la liste de présentation, et seront proclamés Candidats au Syndicat, par le Juge-Commissaire.

> L'art. 480 du Code actuel ne dit pas si la formation de la liste aura lieu à la *majorité* ou à la *simple pluralité*. Dans certains tribunaux on suit le premier mode, ce qui donne souvent lieu à plusieurs tours de scrutin. Dans d'autres tribunaux on se contente de la pluralité acquise au premier tour de scrutin.
>
> La Chambre pense que le mode d'élection doit être uniforme, et émet son vœu pour que la simple pluralité suffise.

27.

Si quelqu'un des candidats proclamés déclarait ne vouloir pas accepter, il serait procédé à son remplacement immédiat, par l'assemblée, séance tenante, par un seul tour de scrutin et à la simple pluralité des suffrages.

28.

Le Juge-Commissaire dressera, séance tenante, procès verbal des opérations de l'assemblée des Créanciers, et le signera avec le greffier.

Le procès verbal sera présenté incontinent au Tribunal, s'il est assemblé, et, à défaut, à une réunion extraordinaire qui sera provoquée par le Juge-Commissaire.

Le Tribunal, sur le rapport du Juge-Commissaire, nommera les Syndics parmi les candidats présentés.

Le Jugement de nomination sera écrit sur-le-champ au bas dudit procès verbal.

29.

En cas de refus, de décès ou de cessation de fonctions pour quelque cause que ce soit, le Tribunal pourvoira au remplacement des Syndics, sur la liste de présentation.

Toutefois, si cette liste se trouvait réduite en dessous de la moitié, le Tribunal ordonnera une nouvelle assemblée de Créanciers, pour compléter la liste, ou choisira parmi des étrangers.

CHAPITRE 4.

Fonctions des Syndics.

30.

Aussitôt après leur entrée en fonctions, les Syndics recevront le compte des Agens, ainsi qu'il est dit à l'article 24.

31.

Ils continueront les opérations commencées par les Agens, et prendront la suite des actions judiciaires qui auront été intentées par ceux-ci, ou contre eux.

32.

Si le Failli est absent, les Syndics le sommeront de se présenter devant eux, dans les trois jours au plus tard, à peine d'être réputé s'être absenté à dessein.

33.

Ils requerront, sans délai, la levée des scellés et retireront les livres du Failli, sous l'inventaire qui en sera fait dans le procès verbal du Juge de Paix. Ce Juge arrêtera, incontinent, le livre journal, le livre des inventaires, et le livre de caisse, s'il en a été tenu par le Failli.

Les Syndics feront aussi l'inventaire des biens du Failli. (*)

Ils seront libres de se faire aider, pour l'estimation desdits biens, par qui ils jugeront convenable.

(*) (*Art. 487 du Code de Commerce.*)

4

Conformément à l'art. 937 du Code de Procédure civile, cet inventaire se fera au fur et à mesure que les scellés seront levés. Le Juge de Paix y assistera, et signera à chaque vacation.

Cet inventaire sera fait et signé à double original, dont un restera au pouvoir des Syndics, et l'autre sera retenu au Greffe du Juge de Paix.

L'inventaire, ainsi fait, vaudra chargement de la part des Syndics.

La prudence semble demander que l'inventaire soit fait à double original, dont un restera au Greffe de la Justice de Paix. L'existence d'un seul original au pouvoir des Syndics n'est pas sans inconvéniens.

34.

Le Failli sera présent ou dûment appelé à la levée des scellés et aux opérations de l'inventaire.

(*Art. 487 du Code de Commerce.*)

35.

Les Syndics procéderont, sous l'autorité du Commissaire, au recouvrement des dettes actives du Failli.

Ils pourront aussi, sous la même autorisation, procéder à la vente de ses effets et marchandises, soit par la voie des enchères publiques, soit par l'entremise des Courtiers et à la Bourse, soit à l'amiable, à leur choix.

Dans aucun cas, cette vente ne pourra avoir lieu qu'au comptant.

(*Art. 492 du Code de Commerce.*)

36.

Les deniers provenant des ventes et des recouvremens seront versés, sous la déduction des dépenses et frais, dans une caisse à double serrure. Une des clefs sera remise au plus âgé des Agens ou Syndics, et l'autre à celui d'entre les Créanciers que le Commissaire aura préposé à cet effet.

(*Art. 496 du Code de Commerce.*)

37.

Toutes les semaines, le bordereau de situation de la caisse de la faillite sera remis au Commissaire qui pourra, sur la demande des Syndics, et à raison des circonstances, ordonner le versement de tout ou partie des fonds à la Caisse des dépôts et consignations, ou entre les mains du Délégué de cette Caisse dans les départemens, à la charge de faire courir, au profit de la masse, les intérêts accordés aux sommes consignées à cette même Caisse, quinze jours après le versement.

(*Art.* 497 *du Code de Commerce.*)

La Chambre pense qu'il serait digne de la justice et de la générosité du Gouvernement de faire courir l'intérêt au profit de la masse des Créanciers, quinze jours après le versement des fonds dans la Caisse des dépôts.

38.

Le retirement des fonds versés à cette Caisse se fera en vertu d'une ordonnance du Juge-Commissaire, nonobstant toutes saisies et oppositions particulières des Créanciers de la faillite.

39.

Les Syndics prendront et renouvelleront les inscriptions d'hypothèque, nécessaires à la conservation des créances actives du Failli sur des tiers.

(*Art.* 499 *du Code de Commerce.*)

40.

Les Syndics seront tenus de communiquer les livres et écritures du Failli à tout Créancier qui voudra en prendre connaissance; mais cette communication devra avoir lieu sans déplacement.

Il y a eu souvent des difficultés sur la communication des livres aux Créanciers, qui veulent en prendre connaissance.
Il importe de les prévenir par une disposition générale.

41.

Outre les fonctions générales qui sont mentionnées dans les articles précédens, les Syndics auront à remplir toutes celles qui leur sont confiées par les articles subséquens du présent Code.

42.

En cas d'empêchement momentané de quelqu'un des Syndics, pour cause de voyage, maladie ou autrement, les Syndics présens géreront valablement les affaires de la faillite.

CHAPITRE 5.

Dispositions communes aux Agens et aux Syndics.

43.

Nul ne pourra être, en même temps, Agent ou Syndic de plus d'une faillite.

L'art. 456 du Code veut que « Nul ne puisse être nommé Agent deux fois dans « le cours de la même année, à moins qu'il ne soit Créancier. »

Cette disposition prive trop long-temps les Tribunaux des services des sujets les plus capables.

La Chambre propose la suppression de cette prohibition mal entendue.

Toutefois, elle pense que la gestion d'une faillite est trop importante et exige trop de soins, pour que le même individu doive être chargé de deux à la fois, lors même qu'il serait Créancier de l'une et de l'autre.

44.

Si les Créanciers ont quelques motifs de se plaindre des opérations des Agens ou Syndics, ils en référeront au Juge-Commissaire, qui statuera, s'il y a lieu, ou fera son rapport au Tribunal, lequel y pourvoira suivant l'exigence des cas, et pourra même révoquer soit les Agens, soit les Syndics, et les remplacer.

(*Art. 495 du Code de Commerce.*)

TITRE 2.

Ouverture et Effets de la Faillite.

CHAPITRE 1ᴱᴿ.

Ouverture de la Faillite.

45.

L'époque de la faillite est fixée, soit par la retraite du débiteur, soit par la clôture de ses magasins, soit par la cessation constatée de ses payemens.

(*Art. 441 du Code de Commerce.*)

La Chambre a cru que le 2ᵉ alinéa de l'art. 441 du Code actuel devait être supprimé. Il est plus propre à augmenter les difficultés qu'à les résoudre. On doit s'en rapporter au bon sens des Tribunaux, pour reconnaître si les circonstances caractérisent une déconfiture complète, ou seulement un embarras momentané.

46.

Lorsque les Syndics, après avoir pris suffisante connaissance des affaires du Failli, croiront que l'ouverture de la faillite remonte à une date antérieure au Jugement déclaratif, ils présenteront un rapport sur lequel le Tribunal, après avoir entendu le Juge-Commissaire, fixera le jour de ladite ouverture à sa véritable date.

47.

Toute personne intéressée à la fixation de cette ouverture, pourra la demander au Tribunal, en contradictoire défense des Syndics.

48.

Les Jugemens qui seront rendus pour fixer le jour de l'ouverture de la faillite, seront susceptibles d'opposition de la part de tous ceux qui auraient, particulièrement, un intérêt contraire.

Lorsque le Failli négligera de faire lui-même la déclaration prescrite par l'article 2, il peut être très-essentiel de fixer la véritable date de la faillite.

Les trois articles ci-dessus posent les règles qui paraissent devoir être observées, en pareil cas, pour la conservation des droits de tous les intéressés.

CHAPITRE 2.

Effets de la Faillite.

SECTION 1re.

Effets de la Faillite quant à la personne du Failli.

OBSERVATIONS.

Le Code actuel ordonne le dépôt de la personne du Failli dans la maison d'arrêt pour dettes, ou sa garde à domicile par des agens de la force publique.

Cette sévérité a été, à peu près, illusoire jusqu'à présent.

Le Failli frauduleux prend la fuite ou se cache ; il élude ainsi la rigueur de la loi.

Cette rigueur ne pèse donc, en général, que sur ceux qui la méritent le moins.

On se contente, presque toujours, de garder à domicile le Failli contre lequel il ne s'élève pas des préventions défavorables.

Mais cette garde inutile coûte des frais considérables à la masse.

Les gardiens ne paraissent chez le Failli que pour recevoir leurs salaires ; souvent les mêmes préposés sont chargés, en même temps, de garder plusieurs Faillis.

La Chambre a pensé que le Failli qui ne s'absentait pas, avait pour lui la présomption de bonne foi, et qu'il serait injuste de le jeter en prison.

Elle pense aussi que, si on fait garder le Failli à domicile, les frais de garde grossiront inutilement les dépenses de la masse.

Son avis est que le Failli qui, sommé de se présenter, ne comparaît point, doit seul être privé de sa liberté, si on le découvre ; et que, dans ce cas, il ne doit pas être gardé à domicile, mais constitué prisonnier dans la maison d'arrêt pour dettes.

C'est dans ce sens que les cinq articles de la présente Section ont été rédigés.

49.

A partir du Jugement déclaratif de la faillite, il ne pourra être exercé aucune contrainte par corps contre le Failli, pour simples dettes de commerce.

50.

Si, au moment de la déclaration de la faillite, le Failli est détenu pour dettes commerciales, il ne pourra être reçu de nouvel écrou ou de recommandation contre lui pour semblables dettes.

Le Failli pourra même, dans ce cas, obtenir son élargissement de la maison d'arrêt, si les Syndics jugent sa présence utile aux opérations et à l'expédition des affaires de la faillite.

Cet élargissement sera ordonné par le Tribunal de Commerce, sur la demande des Syndics et le rapport du Juge-Commissaire.

51.

Tout Failli qui se sera absenté et qui ne se présentera pas, soit aux Agens, soit aux Syndics, dans les trois jours de la sommation qu'ils lui en auront faite, sera censé s'être absenté à dessein.

En conséquence, il sera fait perquisition de sa personne, et il sera déposé et écroué, à la requête des Agens ou Syndics, à la maison d'arrêt pour dettes, d'où il ne pourra sortir qu'en obtenant un sauf-conduit, s'il y a lieu; lequel sauf-conduit ne pourra être délivré par le Tribunal qu'à la charge d'un cautionnement pécuniaire, dont la quotité sera déterminée, et qui sera applicable au profit de la masse des Créanciers, dans le cas où le Failli s'absenterait de nouveau.

52.

Le Failli demeure obligé de donner aux Agens et Syndics les renseignemens dont ils peuvent avoir besoin dans l'exercice de leurs fonctions ; et il devra se rendre auprès d'eux toutes les fois qu'ils l'en requerront.

Les Syndics pourront l'employer pour faciliter et éclairer leur gestion. Dans ce cas, ils fixeront les émolumens de son travail, sous l'approbation du Juge-Commissaire.

> Le Failli qui refuserait ses soins aux Agens et aux Syndics, manquerait à son devoir et serait en faute. Il devrait être puni. (*Vide* l'art. 231, § 8.)

53.

Il sera pourvu à l'alimentation provisoire du Failli et de sa famille, sur le rapport des Syndics et l'approbation du Juge-Commissaire.

Les effets d'habillement nécessaires au Failli, et les meubles dont lui et sa famille auront strictement besoin pour leur usage, seront provisoirement laissés à leur disposition.

En conséquence, le Juge de Paix laissera ces objets en évidence, lorsqu'il apposera les scellés, et se bornera à les inventorier dans son procès verbal.

SECTION 2.

Effets de la Faillite, quant aux biens du Failli, aux actes qu'il a passés & aux payemens qu'il a faits.

54.

Le Failli, à compter du jour de la faillite *déclarée*, est dessaisi, de plein droit, de l'administration de ses biens;

Et s'il n'intervient pas de Concordat, il est dessaisi desdits biens, ainsi qu'il est dit dans le titre 10 de la présente loi.

La première partie de l'article ci-dessus est conforme au 442ᵉ du Code actuel, sauf le mot *déclarée*, dont la Chambre propose l'addition, pour éviter désormais les difficultés qui se sont élevées devant les Tribunaux sur l'interprétation de cet article.

La seconde partie a pour objet de déterminer l'effet de la faillite, quant aux biens, dans le cas où il n'intervient pas de traité avec le Failli.

La masse des créanciers n'userait pas d'un droit exorbitant, si, dès l'ouverture de la faillite, elle disposait de tous les biens du Failli.

Les Créanciers peuvent dire qu'à partir de cet instant, ils ont le droit de réaliser à leur profit la totalité de ces biens.

On traite donc favorablement le Débiteur en ne lui enlevant d'abord que l'administration, et en lui donnant le temps et les moyens d'obtenir un Concordat.

Mais si le Failli ne propose pas de Concordat, ou si le Concordat qu'il aura proposé ne peut pas avoir lieu, soit parce que les Créanciers refuseront d'y consentir, soit parce que le Failli, condamné comme banqueroutier frauduleux, sera indigne de cette faveur, il est indispensable que la masse puisse exercer ses droits sur les biens de la faillite.

Comment les exercera-t-elle ?

Il serait contraire à ses intérêts de la soumettre à faire vendre les biens du débiteur, suivant les règles du Code de Procédure Civile sur les expropriations et exécutions forcées.

Ces règles conviennent aux poursuites ordinaires d'un Créancier qui doit, nécessairement, diriger contre le Débiteur, personnellement, les procédures en expropriation, saisie-arrêt et saisie-exécution, faites contre lui.

Mais elles ne conviennent pas à une masse de Créanciers pour cause de faillite.

A défaut de Concordat, la masse doit être autorisée à réaliser, elle-même, à son profit, tous les biens du Débiteur failli, sans être soumise aux formalités ordinaires des expropriations et exécutions forcées.

Cette réalisation doit avoir lieu, soit à la suite d'un contrat d'union, soit par une direction marchande.

La Chambre n'examinera pas ici quel est celui de ces deux modes qui doit être préféré. Elle fera connaître son opinion à cet égard au titre 10 du présent projet, intitulé, *du Dessaisissement*. Mais, puisqu'il s'agit de déterminer les effets de l'ouverture de la faillite, quant aux biens, la Chambre a cru devoir demander qu'il fût déclaré, en principe, que le Failli en était dessaisi, et la masse investie de plein droit, lorsqu'il n'intervient pas de Concordat.

55.

A partir de la déclaration de faillite, aucune action concernant le Failli ne pourra être intentée que contre les Agens et les Syndics.

Quant aux actions qui étaient intentées au moment de ladite déclaration, elles ne pourront être continuées que contre lesdits Agens et Syndics.

La rédaction ci-dessus remplace l'art. 494.

Il a semblé à la Chambre que la disposition qu'il contient ne devait pas être bornée aux actions personnelles et mobilières ; mais qu'elle devait comprendre toute sorte d'actions.

56.

Nul ne peut acquérir hypothèque sur les biens immeubles du Failli dans les dix jours qui précèdent l'ouverture de la faillite.

(*Art. 443 du Code de Commerce.*)

57.

Toute constitution d'hypothèque qui aurait été consentie par le Failli, même avant les dix jours antérieurs à l'ouverture de sa faillite, pour des effets ou engagemens de commerce, dont l'échéance ne serait pas encore arrivée au moment de ladite constitution d'hypothèque, est nulle et de nul effet.

Lorsque le Code actuel fut discuté, ses auteurs reconnurent la nécessité d'empêcher que les porteurs d'engagemens commerciaux à terme et sous seing privé, pussent les convertir en titres hypothécaires, en obtenant des Jugemens de reconnaissance avant l'échéance.

Mais ils pensèrent, avec raison, que cette prohibition devait s'étendre aux obligations ordinaires, comme aux obligations commerciales.

Telle est l'origine de la loi du 3 septembre 1807, qui consacre la règle sans aucune distinction.

Toutefois, cette loi, qui ne permet pas d'obtenir l'hypothèque judiciaire avant

6

l'échéance des engagemens, n'est pas un obstacle à la concession d'une hypothèque conventionnelle.

Dans plus d'une occasion, le négociant débiteur pourrait être déterminé à conférer volontairement une hypothèque contractuelle à certains de ses créanciers à terme.

Il importe cependant au commerce, que tous ceux qui ont fait crédit et donné terme, courent également les chances de la confiance qu'ils ont accordée, sans pouvoir, dans cet intervalle, améliorer leur position, en prenant un avantage sur les autres créanciers.

Une Déclaration du Roi, du 2 janvier 1717, avait sagement prévu ce cas ; elle ne se bornait pas à interdire toute hypothèque par Jugement de reconnaissance avant l'échéance des engagemens ; elle disait encore, « qu'aucune hypothèque ne « pourrait être valablement acquise par aucun acte de reconnaissance fait devant « notaire ou autrement, en quelque forme que ce soit, desdits billets, lettres et « promesses, avant l'expiration du terme auquel le payement en doit être fait, etc. »

La Chambre est étonnée que cette sage disposition de la déclaration de 1717 ait échappé à l'attention des auteurs du Code actuel. Elle en demande l'adoption, car la Loi du 3 septembre 1807 ne remédie qu'à un inconvénient, tandis que la déclaration les prévenait tous.

58.

Le nantissement qui n'aurait pas une date certaine dix jours avant la faillite, ne conférera aucun privilége au Créancier nanti.

La présente disposition demeure étrangère au privilége résultant de l'art. 93 du livre premier du Code de Commerce.

Il a paru à la Chambre que les mêmes motifs qui faisaient annuler l'effet des hypothèques dans les dix jours, devaient faire annuler l'effet des nantissemens dont la date certaine ne remonterait pas au delà de cette époque.

Il convient d'autant mieux d'assimiler les deux hypothèses, que le contrat de nantissement, sur la même place, peut donner lieu à de graves abus.

59.

Les Baux dont la date certaine ne sera pas antérieure de dix jours à la déclaration de la faillite, ne conféreront privilége que pour une année, à partir de l'expiration de la courante, conformément au deuxième alinéa du premier § de l'art. 2102 du Code Civil.

60.

Tous actes ou payemens faits en fraude des Créanciers, sont nuls, à quelque époque qu'ils aient été faits.

(*Art. 447 du Code de Commerce.*)

64.

Toutes dispositions à titre gratuit de biens meubles ou immeubles, faites par le Failli, autrement qu'en contrat de mariage, sont nulles et sans effet, relativement à la masse des Créanciers, s'il est justifié qu'à l'époque de la donation, le donateur était en dessous de ses affaires.

Dans ce cas, les donataires, autres que les époux, seront obligés de rapporter lesdites donations à la masse des Créanciers, et le donateur encourra la peine portée par l'article 236 du présent Projet de Loi.

La disposition ci-dessus a paru nécessaire à la Chambre.

L'expérience a constaté que plusieurs Négocians, sentant approcher leur déconfiture, font des donations frauduleuses à leurs enfans.

Ils leur donnent des pacotilles, des marchandises, ou des sommes d'argent, à titre d'avancement d'hoirie.

Ainsi, aux approches de la faillite, les fils du Failli se trouvent hors de sa maison, ayant porté avec eux les fonds ou les marchandises qui leur ont été donnés, et dont ils ont fait un reçu *à valoir* sur la succession future de leur père.

Ces donations manuelles sont dispensées de toutes formalités; et, sous ce rapport, elles sont à l'abri de toute attaque.

On peut, à la vérité, demander leur nullité pour cause de fraude; car, tout acte fait en fraude des Créanciers est nul, quels que soient son titre, sa date et sa forme.

Mais, pour faire prononcer cette nullité, il ne suffit pas de prouver la fraude du donateur (elle est facilement présumée); il faut encore prouver que le donataire a participé à cette fraude.

Or, rien n'est plus difficile que cette preuve.

Le fils donataire assure qu'il a reçu de très-bonne foi le don de son père.

Il dit qu'il n'y a rien de plus ordinaire ni de plus naturel que de voir un père faire un avancement d'hoirie à ses enfans, lorsqu'ils veulent entrer dans la carrière de l'Industrie et du Commerce.

Ils excipent du plein crédit dont leur père jouissait au moment de la donation, etc.

Les masses de Créanciers n'ont jamais osé intenter des procès d'un succès si difficile.

Cependant, l'abus et la fraude que la Chambre signale, existent. Plusieurs exemples sont à sa connaissance.

Le désir de remédier à ce scandale, l'a portée à faire des recherches dans la Législation antérieure au Code.

Elle a reconnu que la sagesse de nos Rois avait prévenu ce genre d'abus.

Un édit de Henri IV, du mois de mai 1609, ne se bornait pas à prononcer la nullité des ventes et donations faites au profit des enfans et héritiers présomptifs, ou amis du débiteur: il ordonnait encore de poursuivre les acquéreurs et donataires comme complices de banqueroute frauduleuse, s'il apparaissait que les actes eussent été passés en fraude des Créanciers.

Sans pousser la rigueur aussi loin, la Chambre pense que les actes à titre gratuit, faits par le Failli, doivent être annulés, lorsqu'il est prouvé que le donateur était en dessous de ses affaires au moment de la donation.

Un négociant en dessous de ses affaires n'a rien à lui; il reste même débiteur de tout ce dont son passif excède son actif.

Un débiteur honnête ne doit pas donner lorsqu'il est dans cette situation, puisqu'il ne le peut qu'au préjudice de ses Créanciers.

Dans ces circonstances, le sort des donataires est moins favorable aux yeux de la loi que celui des Créanciers.

Le donataire, obligé de rendre ce qu'il a reçu, cesse de jouir d'une libéralité. Mais il ne perd rien, tandis que le Créancier est en perte réelle de ce que le Failli lui a pris.

La Chambre a donc pensé qu'il était indispensable de frapper de nullité les dispositions à titre gratuit que le Failli aurait faites au profit de ses enfans, depuis qu'il était en dessous de ses affaires.

La preuve de ce fait serait à la charge des Créanciers, lorsqu'il existerait des écritures régulières. Dans le cas où il n'y aurait que des écritures irrégulières, ou qu'il n'y en aurait d'aucune espèce, cette circonstance faisant justement supposer le désordre des affaires du Failli, la présomption de droit serait qu'il était en dessous de ses affaires au moment où il a fait les donations; et les Créanciers seraient, alors, dispensés de toute preuve.

Les dispositions faites en contrat de mariage seraient seules exceptées de cette nullité, lorsque leur date seraient antérieure de plus de dix jours à la faillite.

La Chambre sollicite avec instance une mesure qui prévienne le scandale des donations que le Failli fait à ses enfans aux approches de sa faillite.

La famille d'un négociant doit savoir que l'actif du commerce est le patrimoine des Créanciers, et qu'elle ne peut pas le recevoir à leur préjudice.

Le négociant qui donne, même en contrat de mariage, lorsqu'il est déjà en dessous de ses affaires, commet une soustraction au préjudice de ses Créanciers, et mérite d'être puni.

62.

Seront pareillement nulles et soumises au rapport les donations faites en contrat de mariage, si elles ont eu lieu dans les dix jours qui précèdent la déclaration de faillite.

63.

Toutes sommes payées dans les dix jours qui précèdent l'ouverture de la faillite pour dettes commerciales non échues, seront rapportées.

Sont soumis au même rapport les payemens faits, dans le même intervalle de temps, pour des effets et engagemens qui, ayant été souscrits à terme, seraient acquittés par anticipation, sous escompte.

(Art. 446 du Code de Commerce.)

Il est nécessaire que la loi s'explique sur les payemens sous escompte.

Posons un exemple.

Le Failli achète des marchandises à six mois de terme, avec faculté de payer comptant, sous un escompte de 6 pour cent.

Si, usant de cette faculté dès le premier moment, il paie comptant, le payement ne sera pas soumis au rapport.

Mais, s'il a déclaré vouloir jouir du terme, ou s'il a fait ses billets à six mois, le payement fait, ensuite, sous escompte, dans les dix jours antérieurs à la faillite, devra être rapporté.

64.

Aucun créancier chirographaire, ou ayant un privilége général, ne pourra faire des exécutions particulières sur les biens du Failli.

Les Créanciers hypothécaires pourront, néanmoins, exercer leurs droits sur les immeubles soumis à leur hypothèque.

Les Créanciers qui auront un privilége spécial pourront aussi, à défaut de payement, exercer ce privilége sur les objets qui y sont affectés par la loi.

La faillite est une discussion générale.

Les droits des Créanciers doivent être centralisés dans les mains des Syndics.

L'actif de la masse serait dévoré en frais, si chaque Créancier pouvait faire des poursuites et des exécutions particulières.

Il importe de prohiber ces poursuites.

Les Créanciers privilégiés, autres que ceux dont le privilége est spécial, doivent même être soumis à cette prohibition, et attendre que leur payement puisse avoir lieu sur les premiers recouvremens.

On a vu des Créanciers déraisonnables (ou peut-être guidés par des hommes d'affaires avides) s'empresser de faire adjuger leur privilége, et pratiquer ensuite des saisies-arrêts, et même des saisies-exécutions, sur les biens de la faillite.

Une disposition législative doit prévenir cet abus.

SECTION 5.

Effets de la Faillite quant aux engagemens du Failli, non encore échus.

OBSERVATIONS.

On a diversement entendu les articles 163 et 448 du Code actuel, relativement aux *Effets de Commerce acceptés, tirés ou endossés par le Failli.*

7

Des porteurs de lettres de change acceptées par le Failli, ont cru que l'article 163 les autorisant à exercer leur recours, ils pouvaient se faire rembourser aussitôt, et faire même un compte de retour.

Cette prétention, dont il y a de nombreux exemples, et qui a été jugée plusieurs fois en sens contraire, est injuste.

Le porteur est, sans doute, fondé à dire que la faillite de l'accepteur fait cesser la sûreté que l'acceptation lui donnait.

Mais il ne peut pas être en meilleure position que s'il y avait eu protêt faute d'acceptation.

Or, dans ce dernier cas, il n'aurait d'autre droit que de demander caution de payement à l'échéance.

Il ne pourrait demander son remboursement immédiat qu'autant que ce cautionnement ne lui serait pas fourni.

La faillite de l'accepteur ne doit pas produire d'autre effet au profit du porteur.

Celui-ci n'aura pas à s'en plaindre.

En effet, l'acceptation du Failli classe dans sa masse les titres acceptés par lui, ce qui donne à leur porteur un avantage qu'il n'aurait pas, s'il y avait eu refus d'acceptation.

Il faut considérer, d'ailleurs, que le tireur et les endosseurs peuvent faire intervenir.

Il est même possible que le tireur ait pourvu à la provision, et qu'elle parvienne après l'ouverture de la faillite. Il serait injuste que, lorsqu'il aurait fait la provision au lieu du payement, il fût obligé de rembourser au lieu de l'émission.

Il paraît difficile d'entendre autrement les articles 163 et 448 du Code.

Toutefois, la Chambre, étonnée de la multiplicité des contestations élevées et de la variété des décisions intervenues sur le sens de ces articles, croit qu'il est nécessaire de leur donner un développement qu'ils n'ont point.

Il faut distinguer les cas où le Failli est accepteur, tireur ou endosseur; ceux où il s'agit de lettres de change, et ceux où il s'agit de billets à ordre.

La Chambre s'est appliquée à prévenir désormais toute difficulté par une rédaction plus complète et plus claire.

C'est rendre service au Commerce que de prévenir les procès.

65.

L'ouverture de la faillite rend exigibles, quant au Failli, ses dettes passives non encore échues.

(1ᵉʳ *Alinéa de l'art.* 448 *du Code de Commerce.*)

66.

S'il est accepteur de lettres de change, le porteur de ces lettres pourra, dès la déclaration de la faillite, exercer contre les autres obligés au payement desdites lettres, les mesures autorisées en cas de protêt faute d'acceptation, et contraindre lesdits obligés à donner, dans le jour, caution de payement à l'échéance, sinon à rembourser, immédiatement, sous la déduction de l'escompte pour l'anticipation du terme.

67.

Si le Failli est souscripteur d'un billet à ordre, le porteur pourra pareillement contraindre les endosseurs à fournir, dans le jour, caution de payement à l'échéance, et, à défaut de cautionnement, au remboursement immédiat du montant du billet, sous la déduction de l'escompte pour le terme anticipé.

68.

Si le Failli est tireur ou endosseur de lettres de change, ou endosseur de billets à ordre, le porteur pourra requérir contre les coobligés dont les signatures sont postérieures à celle du Failli, le bail de caution, et, à défaut, le remboursement, ainsi qu'il est dit dans les deux articles précédens.

TITRE 3.

Du Bilan.

OBSERVATIONS.

Le Bilan doit être le tableau fidèle des affaires du Failli.

Il faut le considérer comme un compte que le Failli rend à ses Créanciers.

La Chambre a vu, avec regret, que la plupart des Faillis éludaient ce devoir, et laissaient aux Agens et aux Syndics le soin de rédiger le Bilan.

Elle demande que le Code nouveau contienne une disposition formelle à cet égard.

Le Failli qui, étant requis de rédiger son Bilan, ne le ferait pas, se constituerait en état de faute, et mériterait punition. (*Vide* l'article 231 du Projet.)

La Chambre a pensé que la confection et la vérification du Bilan étaient des actes trop essentiels, et demandaient trop de temps et trop de soins, pour être confiées aux Agens. Elle a cru que tout ce qui s'y rapportait devait faire partie des attributions du Syndicat.

Elle propose diverses dispositions que le Code actuel ne contient pas, relativement au Bilan particulier des membres solidaires de la Société faillie, et à l'examen à faire, par les Syndics, des Bilans qui seront présentés par les Faillis.

69.

Le Failli qui aura préparé son Bilan, et l'aura gardé par-devers lui, le remettra aux Agens, ou soit aux Syndics.

(*Art. 470 du Code de Commerce.*)

70.

Le Bilan devra contenir, d'une part, l'état des biens, meubles et immeubles du Failli, de ses marchandises et créances actives, et d'autre part, ses dettes passives. (*)

Il contiendra le tableau des profits et des pertes, et celui des dépenses du Failli.

Il sera certifié véritable, daté et signé par le débiteur.

(*) (*Art. 471 du Code de Commerce.*)

71.

Lorsque la faillite comprendra plusieurs associés solidaires, chacun d'eux sera tenu de fournir le Bilan de ses affaires personnelles, dans la forme ci-dessus, et ce, indépendamment du Bilan des affaires sociales.

(Art. 472 du Code de Commerce.)

72.

Si le Failli n'avait pas préparé son Bilan à l'entrée en fonctions des Syndics, il sera tenu, s'il est libre de sa personne, de procéder incontinent à la rédaction dudit Bilan, en présence des Syndics ou de leur préposé.

Les livres et papiers de la faillite lui seront, à cet effet, communiqués sans déplacement.

Dans le cas où le Failli n'aurait pas la liberté de sa personne, il sera tenu de faire procéder à la rédaction de son Bilan par un fondé de pouvoirs.

73.

Le Failli qui ne remplira pas l'obligation ci-devant dans les trois jours qui suivront l'entrée en fonctions des Syndics, en sera sommé par eux ; et, faute par lui de s'y conformer dans les deux jours suivans, il sera réputé s'être absenté à dessein.

74.

Le Bilan qui aura été rédigé par le Failli, sera vérifié par les Syndics, et compulsé avec les livres et écritures.

Les Syndics devront s'assurer de l'exactitude des diverses énonciations du Bilan, et surtout de celles relatives aux pertes et aux dépenses.

Ils demanderont au Failli l'explication des différences et inexactitudes qu'ils auront découvertes.

Ils fixeront les redressemens dont le Bilan leur paraîtra susceptible.

75.

Dans tous les cas où le Bilan n'aurait pas été rédigé, soit par le Failli, soit par son fondé de pouvoirs, ainsi qu'il est dit dans l'art. 72, les Syndics le formeront eux-mêmes au moyen des livres et papiers du Failli, et au moyen des informations et renseignemens qu'ils pourront se procurer auprès de la femme du Failli, de ses enfans, de ses commis et autres employés.

(Art. 473 du Code de Commerce.)

8

76.

Le Juge-Commissaire pourra aussi , soit d'office , soit sur la demande des Syndics, et même d'un ou plusieurs Créanciers, interroger les individus désignés dans l'article précédent , à l'exception de la femme et des enfans du Failli , tant sur ce qui concerne la formation du Bilan , que sur les causes et circonstances de la faillite.

(Art. 474 du Code de Commerce.)

77.

Si le Failli vient à décéder après l'ouverture de sa faillite , sa veuve ou ses enfans, s'ils n'ont pas renoncé à la communauté et à la succession , pourront se présenter pour suppléer leur auteur dans la formation du Bilan , et pour toutes les autres obligations imposées au Failli par la présente Loi ; à leur défaut, les Syndics procéderont eux-mêmes à la confection dudit Bilan.

(Art. 475 du Code de Commerce.)

TITRE 4.

Différentes espèces de Créanciers et leurs Droits, en cas de Faillite.

CHAPITRE 1ᴱᴿ.

Créanciers Privilégiés.

78.

Les Créanciers qui prétendent un privilége sur les biens meubles du Failli, formeront leur demande au Juge-Commissaire, sur simple mémoire et sans frais.

Le Commissaire communiquera cette demande aux Syndics, qui fourniront leurs observations.

Si la demande est trouvée fondée, le Commissaire autorisera le payement de ces Créanciers, sur les premiers deniers disponibles.

79.

Si les Syndics contestent la demande en totalité ou en partie, soit par le motif que la créance n'est pas due, ou qu'elle est mois considérable, soit par le motif qu'elle n'est pas privilégiée, le Créancier demandeur se pourvoira devant le Tribunal, qui statuera en contradictoire défense des Syndics, après avoir entendu le Juge-Commissaire.

80.

Tout Créancier présumé de la faillite pourra fournir aux Syndics, des observations adversatives sur les priviléges réclamés, et les Syndics devront faire connaître ces observations, soit au Juge-Commissaire, soit au Tribunal, si la demande en privilége est portée en Jugement.

81.

Les sommes dues pour contributions directes ou indirectes, et pour droits de Douane, seront acquittées sur les premiers deniers disponibles.

L'extrait des Rôles des contributions directes, les contraintes décernées par les Régies et Administrations publiques, et les titres obligatoires des redevables Faillis envers lesdites Régies et Administrations, seront considérées comme titres certains et exécutoires par provision, nonobstant opposition.

En conséquence, ils seront dispensés de toute vérification et affirmation, sauf l'opposition aux cas et dans les formes de droit.

82.

Les Syndics et le Juge-Commissaire prendront les mesures convenables pour le prompt payement des priviléges portés dans l'article précédent.

Et s'il n'existe pas en caisse les fonds nécessaires, ils y pourvoiront, soit par une vente de marchandises de la faillite, soit par un emprunt fait, avec l'autorisation du Juge-Commissaire, sur l'actif de la faillite, lequel emprunt sera ensuite remboursé sur les premiers deniers disponibles.

La plupart des Négocians qui faillissent sur les places maritimes, ont des engagemens envers la Douane.

La Chambre est loin de contester le privilége dont ces engagemens jouissent.

Mais elle ne peut s'empêcher de faire quelques observations sur la manière dont il est exercé dans certains ports.

Les Receveurs des Douanes, quoique pleinement rassurés par leur privilége et par le cautionnement solidaire des autres signataires des engagemens du failli, font saisir, nonobstant le scellé, les marchandises de la faillite, et en poursuivent la vente forcée.

Il en est même qui font saisir jusqu'aux marchandises existantes dans l'Entrepôt réel dont ils ont les clefs, et les navires dont ils retiennent les expéditions, et qui ne peuvent pas sortir du Port sans leur permission.

Ces exécutions rigoureuses et inopportunes grèvent toujours la masse, de frais considérables.

Quelquefois elles sont continuées sous le nom de la Douane, quoiqu'elle soit payée par les cautions, et seulement par prestation officieuse de nom, dans l'intérêt de ces cautions.

Les rigueurs dont la Chambre se plaint, ont lieu dès l'ouverture de la faillite, et sans que la Douane veuille même attendre la nomination des Syndics.

Elles ont lieu, bien souvent, avant même que la Douane ait remboursé les engagemens du failli, engagemens souscrits à des termes assez éloignés, et qui, étant mis en circulation, ne sont présentés au payement qu'à leur échéance.

Il est juste, sans doute, que les Administrations Financières soient payées. Les Syndics ont toujours pris à tâche d'acquitter, au plutôt, les sommes dues au fisc. Mais il est pénible pour les malheureux Créanciers, de voir les débris de leur gage dévorés par des poursuites frustratoires et intempestives.

Il ne peut pas entrer dans les idées paternelles du Gouvernement, d'autoriser des rigueurs inutiles pour lui, et coûteuses pour les masses.

Que peut craindre la Douane, lorsqu'elle a des marchandises dans les Entrepôts, des navires qu'elle tient dans le Port, et un privilège général sur tous les biens de la faillite, privilège au détriment duquel il ne dépendrait pas même des Syndics d'agir?

N'est-il pas de toute convenance qu'elle n'accable pas une masse qui n'est point encore organisée, et qu'elle attende, au moins, la nomination des Syndics qui doivent administrer la faillite?

En laissant à ces Syndics le soin de pourvoir à l'acquittement des sommes dues au fisc, on peut être certain qu'elles seront toujours payées, (et quelquefois même avant leur échéance) sans que le fisc perde une obole, et sans que la masse ait à supporter, à pure perte, des frais accablans.

La Chambre, affligée de ce qu'elle a vu quelquefois, a cru devoir proposer les deux articles ci-devant pour concilier la sûreté des droits de la Douane, avec les ménagemens dus aux intérêts des masses de Créanciers.

CHAPITRE 2.

Créanciers nantis ou cautionnés.

83.

Les Créanciers du Failli qui seront valablement nantis par des gages, ne seront inscrits dans la masse que pour mémoire.

(*Art.* 535 *du Code de Commerce.*)

84.

Les Syndics seront autorisés à retirer les gages au profit de la faillite, en remboursant la dette.

(*Art.* 536 *du Code de Commerce.*)

85.

Si les Syndics ne retirent pas le gage, qu'il soit vendu par les Créanciers, et que le prix excède la créance, le surplus sera recouvré par les Syndics; si le prix est moindre que la créance, le Créancier nanti viendra à contribution pour le surplus.

(*Art.* 53₇ *du Code de Commerce.*)

9

86.

Les Créanciers garantis par un cautionnement seront compris dans la masse, sous la déduction des sommes qu'ils auront reçues de la caution ; la caution sera comprise dans la masse pour tout ce qu'elle aura payé à la décharge du Failli.

(*Art.* 538 *du Code de Commerce.*)

CHAPITRE 3.

Créanciers hypothécaires.

87.

Lorsque la distribution du prix des immeubles sera faite antérieurement à celle du prix des meubles, ou simultanément, les seuls Créanciers hypothécaires, non remplis sur le prix des immeubles, concourront, à proportion de ce qui leur restera dû, avec les Créanciers chirographaires, sur les deniers appartenans à la masse chirographaire.

(*Art.* 539 *du Code de Commerce.*)

88.

Si la vente des biens meubles précède celle des immeubles, et donne lieu à une ou plusieurs répartitions de deniers avant la distribution du prix des immeubles, les Créanciers hypothécaires concourront à ces répartitions dans la proportion de leurs créances totales, et sauf, le cas échéant, les distractions dont il sera ci-après parlé.

(*Art.* 540 *du Code de Commerce.*)

89.

Après la vente des immeubles et le jugement d'ordre entre les Créanciers hypothécaires, ceux d'entre ces Créanciers qui viendront en ordre utile sur le prix des immeubles pour la totalité de leurs créances, ne toucheront le montant de leur collocation hypothécaire que sous la déduction des sommes par eux perçues dans la masse chirographaire.

Les sommes ainsi déduites, ne resteront point dans la masse hypothécaire, mais retourneront à la masse chirographaire, au profit de laquelle il en sera fait distraction.

(*Art.* 541 *du Code de Commerce.*)

90.

A l'égard des Créanciers hypothécaires qui ne seront colloqués que partiellement dans la distribution du prix des immeubles, il sera procédé comme il suit :

Leurs droits sur la masse chirographaire seront définitivement réglés d'après les sommes dont ils resteront créanciers après leur collocation immobilière, et les deniers qu'ils auront touchés au delà de cette proportion, dans la distribution antérieure, leur seront retenus sur le montant de leur collocation hypothécaire, et reversés dans la masse chirographaire.

(*Art.* 542 *du Code de Commerce.*)

91.

Les Créanciers hypothécaires qui ne viendront point en ordre utile, seront considérés comme purement et simplement chirographaires.

(*Art.* 543 *du Code de Commerce.*)

92.

Les Créanciers hypothécaires ne pourront concourir dans la masse des chirographaires, qu'autant qu'ils auront fait vérifier leurs créances, et qu'ils les auront affirmées dans la forme et les délais détérminés par les articles 124 et suivans.

La Chambre pense que pour que les Créanciers hypothécaires puissent être admis à concourir dans la masse chirographaire, il est indispensable qu'ils aient rempli la formalité de la vérification et celle de l'affirmation.

CHAPITRE 4.

Droits des Femmes.

93.

Les femmes mariées sous le régime dotal, ou qui seront séparées de biens, reprendront, en nature, les immeubles leur appartenant au moment de leur mariage, et ceux qui leur sont obvenus, depuis, par successions, legs ou donations.

94.

Les femmes mariées en communauté reprendront pareillement en nature ceux de leurs biens qui ne sont pas entrés en communauté.

Les deux articles ci-dessus présentent, sous une rédaction qui a paru plus claire, les dispositions de l'article 545 du Code actuel.

95.

Elles reprendront pareillement les immeubles acquis par elles ou en leur nom, des deniers provenant desdites successions, legs et donations, pourvu que la déclaration d'emploi soit expressément stipulée au contrat d'acquisition, et que l'origine des deniers soit constatée par inventaire ou par tout autre acte authentique.

(*Art.* 546 *du Code de Commerce.*)

96.

Sous quelque régime qu'ait été formé le contrat de mariage, hors le cas prévu par l'article précédent, la présomption légale est que les biens acquis par la femme du Failli appartiennent à son mari, sont payés de ses deniers, et doivent être réunis à la masse de son actif, sauf à la femme à fournir la preuve du contraire.

(*Art.* 547 *du Code de Commerce.*)

97.

L'action en reprise, résultant des dispositions des articles 93 et 94, ne sera exercée par la femme qu'à charge des dettes et hypothèques dont les biens seront grevés, soit que la femme s'y soit volontairement obligée, soit qu'elle y ait été judiciairement condamnée.

(*Art.* 548 *du Code de Commerce.*)

« Néanmoins, lorsque la femme se sera volontairement obligée, conjointement
« avec son mari, ou qu'elle aura été judiciairement condamnée avec lui, elle pourra,
« si la dette n'était pas éteinte au moment de la faillite, exercer sur la masse, les
« droits du Créancier, lorsque celui-ci ne les exercera pas lui-même. »

La Chambre a cru devoir proposer l'addition guillemetée ci-dessus, à l'article 548 du Code actuel.

Sans doute lorsque la femme a payé, avant la faillite de son mari, des dettes qu'elle avait contractées avec lui, ou qu'elle avait été condamnée à payer conjointement avec lui, le payement ne doit pas lui profiter, parce que la loi présume qu'il a été fait des deniers du mari lui-même.

La Chambre est loin de blâmer cette juste sévérité de la loi.

Mais, lorsque la dette subsiste encore au moment de la faillite, il importe peu à la masse de tenir compte de cette dette au créancier lui-même, ou à la femme qui l'aurait payée sur ses biens.

Suivant la règle du droit commun (art. 1431 du Code civil), la femme qui s'oblige pour son mari n'est réputée que sa caution.

Il est donc juste que, si elle paie après faillite, elle puisse, comme subrogée légalement aux droits du créancier (art. 1251 du même Code), exercer dans la faillite les droits que ce créancier pourrait y exercer lui-même.

Cette disposition additionnelle paraît être de toute équité, et serait un retour au droit commun.

98.

La femme ne pourra exercer dans la faillite aucune action à raison des avantages portés au contrat de mariage ; et, réciproquement, les Créanciers ne pourront se prévaloir, dans aucun cas, des avantages faits par la femme au mari dans le même contrat.

(*Art. 549 du Code de Commerce.*)

99.

En cas que la femme ait payé des dettes pour son mari, la présomption légale est qu'elle l'a fait des deniers de son mari, et elle ne pourra, en conséquence, exercer aucune action dans la faillite, sauf la preuve contraire, comme il est dit à l'article 96.

(*Art. 550 du Code de Commerce.*)

« Toutefois, en cas de cautionnement d'une dette encore existante au moment « de la faillite, la femme pourra exercer les droits du créancier dans la masse, « si celui-ci ne les a pas exercés lui-même. »

La Chambre propose l'alinéa ci-dessus par les motifs déja donnés sur l'article 97.

100.

La femme dont le mari était commerçant à l'époque de la célébration du mariage, n'aura hypothèque,

Pour les deniers ou effets mobiliers qu'elle justifiera par actes authentiques avoir apportés en dot,

Pour le remploi de ses biens aliénés pendant le mariage,

Pour l'indemnité des dettes par elle contractées avec son mari,

Et pour les sommes paraphernales dont l'origine serait constatée par actes publics, et qu'elle justifierait de la même manière avoir été reçues par son mari,

Que sur les immeubles qui appartenaient à son mari à l'époque ci-dessus, *et sur ceux qui lui seront obvenus par succession, legs ou donation.*

L'article ci-dessus contient deux additions au 550e du Code actuel.

Dans les ci-devant pays de droit écrit, le régime dotal domine.

Toutefois, la constitution de dot n'est presque jamais générale. L'épouse ne se constitue ordinairement en dot, que ce qui lui est donné dans le contrat de mariage. Ses biens à venir sont réservés à titre de paraphernaux : elle peut les administrer et les aliéner avec l'autorisation de son mari.

Sous ce régime, la femme reçoit et quittance fréquemment des sommes paraphernales.

10

Et lorsqu'elle les remet à son mari, celui-ci lui en passe une reconnaissance notariée.

Ces sortes de reconnaissances doivent être comprises dans la nomenclature de l'article 551, où elles avaient été omises.

Tel est l'objet de la première addition proposée par la Chambre.

Voici maintenant l'objet de la seconde.

La disposition qui réduit l'hypothèque de la femme du Failli aux immeubles que son mari possédait au moment du mariage, et qui affranchit de cette hypothèque ceux qu'il acquiert depuis, est exceptionnelle et dérogatoire au droit commun.

Elle peut être justifiée, cependant, par la présomption que le mari n'a payé les acquisitions qu'il a faites, qu'avec l'argent qu'il a tiré de son commerce, au préjudice de ses créanciers commerciaux.

La Chambre ne s'élève pas contre cette mesure de rigueur.

Toutefois, elle fait observer que le mari peut avoir acquis des biens par succession, donation ou legs.

Ces acquisitions sont gratuites, et n'ont certainement pas épuisé la caisse commerciale.

Il semble donc qu'en continuant de laisser la femme sans hypothèque sur les biens *achetés* depuis le mariage, il serait juste de lui accorder cette hypothèque sur ceux qui sont obtenus, depuis lors, à son mari par *succession*, *legs* ou *donation*.

Tel est l'objet de la deuxième addition proposée.

101.

Sera, à cet égard, assimilée à la femme dont le mari était commerçant à l'époque de la célébration du mariage, la femme qui aura épousé un fils de négociant, n'ayant, à cette époque, aucun état ou profession déterminée, et qui deviendrait lui-même commerçant.

(Art. 552 du Code de Commerce.)

102.

Sera exceptée des dispositions des articles précédens, et jouira de tous les droits hypothécaires accordés aux femmes par le Code Civil, la femme dont le mari avait, à l'époque de la célébration du mariage, une profession déterminée, autre que celle de négociant ; néanmoins, cette exception ne sera pas applicable à la femme dont le mari ferait le commerce dans l'année qui suivrait la célébration du mariage.

(Art. 553 du Code de Commerce.)

103.

Tous les meubles meublans, effets mobiliers, diamans, vaisselle d'or et d'argent et autres objets, tant à l'usage du mari qu'à celui de la femme, sous quelque régime qu'ail été formé le contrat de mariage, seront acquis aux créanciers, sans que la femme en puisse recevoir autre chose que les habits et linge à son usage, qui lui seront délivrés dans tous les cas.

Toutefois, la femme pourra reprendre les bijoux, diamans et vaisselle qu'elle pourra justifier, par état légalement dressé, annexé aux actes, ou par bons et loyaux inventaires, lui avoir été donnés par contrat de mariage, ou lui être advenus par succession seulement.

(*Art.* 554 *du Code de Commerce.*)

104.

La femme qui aura détourné, diverti ou recélé des effets mobiliers, portés en l'article précédent, des marchandises, des effets de commerce, et de l'argent comptant, sera condamnée à les rapporter à la masse, et *pourra être* poursuivie, *suivant les circonstances*, comme complice de banqueroute frauduleuse.

L'article ci-dessus est littéralement conforme au 555e du Code actuel, sauf la modification résultante des mots *en italique*.

105.

Pourra aussi, suivant la nature des cas, être poursuivie comme complice de banqueroute frauduleuse, la femme qui aura prêté son nom ou son intervention à des actes faits par le mari, en fraude de ses créanciers.

(*Art.* 556 *du Code de Commerce.*)

TITRE 5.

De la Revendication.

OBSERVATIONS GÉNÉRALES.

La revendication fut l'objet d'une longue et savante discussion dans le Conseil d'État. La matière y fut, pour ainsi dire, épuisée.

La revendication n'est pas contestable, quant aux marchandises expédiées au Failli pour les vendre pour le compte de l'expéditeur, et quant aux effets de commerce dont le recouvrement n'a été confié au Failli qu'à titre de mandat.

Dans l'un comme dans l'autre de ces cas, le Failli n'est qu'un dépositaire ou mandataire à qui le déposant et le mandant peuvent retirer, quand bon leur semble, ce qui n'a pas cessé d'être leur propriété.

La difficulté ne peut donc exister que relativement aux marchandises vendues au Failli.

La Chambre pense,

1° Que le Code actuel refuse mal à propos la revendication dans le cas de la vente au comptant;

2° Que l'article 576 de ce Code, tel qu'il est rédigé, ouvre une porte trop large à la revendication, dans les ventes à terme.

Elle croit qu'il serait plus juste d'accorder la revendication, lorsque la vente est faite au comptant, et de la refuser lorsque la vente est faite à terme, sauf, dans ce dernier cas, une seule exception en faveur du vendeur qui est, en même temps, expéditeur de la marchandise.

Elle demande cette double modification au Code actuel.

Voici ses motifs.

§ 1er.

VENTE AU COMPTANT.

Dans la vente au comptant le vendeur ne fait aucun crédit à l'acheteur, et ne lui accorde aucune confiance.

Cependant, il est peu de marchandises dont le payement puisse être fait au moment même de la livraison.

Qu'on suppose une vente de 300 barriques de sucre :

Il faudra trois jours pour ouvrir les barriques; les vérifier, en déduire les emplâtres et tambours, les faire peser, etc. etc.

Au fur et à mesure que quelques barriques auront été vérifiées et pesées, elles seront portées dans les magasins de l'acheteur; enfin, lorsque ces opérations matérielles seront terminées, il faudra nécessairement encore un certain temps pour que le vendeur dresse sa facture, recueille le poids des 300 barriques, déduise les tares, et établisse le prix net.

Il est impossible de faire autrement.

Cependant, dès que la facture est prête, le vendeur se hâte de demander son payement à l'acheteur.

Mais celui-ci vient de faillir.

Dans cet état de choses, il est de toute justice que la vente faite au comptant soit résiliée, et que le vendeur puisse reprendre ses marchandises non payées, car il n'a pas fait crédit, et n'a pas voulu le faire. Il n'a donné aucun délai à son acheteur, et n'a laissé écouler que le temps indispensablement nécessaire pour que la livraison pût être faite et la facture rédigée.

Si la faillite est l'effet d'un désastre imprévu qui aura frappé l'acheteur, il sentira lui-même la justice de rendre la marchandise. On a vu des Faillis de bonne foi se plaindre de ce que la loi refusait la revendication à leur vendeur, dans une circonstance pareille.

Si, au contraire, la faillite est la suite d'une préméditation coupable, on peut considérer comme une escroquerie l'achat que le Failli a fait au comptant, avec l'intention de ne pas payer : la loi ne peut pas consacrer un vol aussi criminel.

Ces considérations, qui seraient susceptibles d'un plus long développement, ont porté la Chambre à proposer la revendication pour les ventes faites au comptant.

Toutefois quelque légitime que ce droit lui paraisse, elle a pensé que son exercice devait être soumis à des conditions qui en préviennent tout abus.

Ces conditions sont :

Que la vente soit constatée par traité de Courtier ;

Que l'action soit intentée dans les trois jours au plus tard,

Et que les marchandises soient reconnues identiques et non dénaturées.

§ 2.

VENTE A TERME.

Les motifs qui doivent faire admettre la revendication dans les ventes au comptant, semblent devoir la faire refuser dans les ventes à terme; car, ici le vendeur a fait crédit, et doit courir les risques de sa confiance.

Une seule exception doit avoir lieu en faveur du vendeur qui est en même temps expéditeur de la marchandise.

Par exemple, si un Négociant de Rouen commet à Marseille 300 caisses de savon, le vendeur qui les expédiera lui-même à l'acheteur, et qui figurera comme chargeur, soit dans les connaissemens, soit dans les lettres de voiture, pourra les revendiquer, si elles ne sont point encore parvenues au Failli.

On croit assez généralement que c'est à ce seul cas que les auteurs du Code avaient voulu réduire la revendication pour les ventes à terme.

Cependant, les mots vendues et livrées, qui se trouvent dans l'article 576, ont fait penser à quelques Tribunaux que la livraison que le vendeur faisait à l'acheteur, n'était pas un obstacle à la revendication; d'où on a conclu que le vendeur expéditeur n'était pas le seul qui pût revendiquer.

La Chambre des Requêtes de la Cour de Cassation semble avoir autorisé cette interprétation de la loi, par son Arrêt du 6 novembre 1823.

Dans l'hypothèse de cette décision, ***, négocians de Marseille avaient vendu à *, négociant d'Avignon, qui se trouvait alors à Marseille, une partie de marchandises, à terme.

L'acheteur avait reçu les marchandises et les avait remises à un commmissionnaire de transport pour les expédier à Paris.

C'est sous le nom de l'acheteur qu'elles furent chargées à Marseille, et qu'elles voyagèrent de Marseille à Paris, d'où elles furent ensuite, de l'ordre de l'acheteur, expédiées à Rouen.

Cependant, l'acheteur ayant failli, ses vendeurs non payés ont saisi-revendiqué les marchandises aux portes de Rouen.

La revendication leur fut refusée par le Tribunal de Commerce; mais elle leur fut accordée par l'Arrêt de la Cour royale, sur lequel est intervenu celui de la Chambre des Requêtes de la Cour de Cassation du 6 novembre 1823, déjà cité.

Voici les conséquences de cette Jurisprudence, si elle se consolidait.

Un Armateur de Marseille, faisant une expédition pour Pétersbourg, affrète un navire, et achète à terme les marchandises qui doivent former sa cargaison.

En recevant livraison de ces marchandises, il les fait porter directement à bord, sans les faire entrer dans ses magasins. L'économie le veut ainsi, et tel est l'usage.

Le navire part à l'adresse du correspondant de Pétersbourg.

Quelques jours après, l'armateur tombe en faillite.

Les vendeurs non payés des marchandises de la cargaison adressent leurs pouvoirs à Pétersbourg, et font saisir-revendiquer ces marchandises avant leur entrée dans les magasins du commissionnaire de l'armateur.

Cette revendication devra être accordée, si l'article 576 renferme réellement le sens que la Cour de Rouen lui a donné dans l'affaire des sieurs ***.

Ce résultat paraît étrange, et serait subversif des idées généralement reçues, qui repoussent la revendication dans les ventes à terme, lorsque l'acheteur a reçu livraison.

La Chambre pense donc qu'il convient de rectifier l'article 576, de manière qu'en cas de vente à terme, la revendication soit refusée à tout autre qu'au vendeur expéditeur.

Lorsque le vendeur expédie lui-même les marchandises, il les tient, pour ainsi dire, sous sa main jusqu'au moment où elles arrivent à leur destination, puisqu'elles voyagent sous son nom. Le voiturier est le préposé du vendeur pour leur transport et leur consignation. Or, il est évident que le vendeur ne consignerait pas à son acheteur, s'il connaissait sa faillite.

Il est donc raisonnable d'admettre la revendication dans le cas où la marchandise expédiée par le vendeur n'arrive à sa destination qu'après la faillite de l'acheteur. Le commerce de commission réclame cette garantie.

Mais il est contraire à toutes les règles, d'admettre la revendication au profit du vendeur, lorsqu'il a vendu à terme et livré à l'acheteur, quel que soit l'endroit plus ou moins éloigné où cet acheteur expédie ensuite, sous son nom, les marchandises qui lui ont été livrées.

La raison dit que le vendeur qui fait crédit à l'acheteur, et qui met les marchandises à sa disposition, n'a pas de droit de suite sur elles.

C'est conformément à ces principes que la Chambre a rédigé, sur l'exercice de la revendication, une série d'articles auxquels elle s'est efforcée de donner la plus grande clarté.

L'article 578 du Code actuel refuse, au vendeur expéditeur, la revendication des marchandises qui sont encore en route, si le destinataire qui en a la lettre de voiture et la facture, les a vendues avant leur entrée dans ses magasins.

La Chambre a supprimé cet article dans son projet.

Voici ses motifs :

1° *Le vendeur qui expédie, conserve par l'expédition faite en son nom, une sorte de mainmise nominale sur sa marchandise.*

2° *Un négociant qui achète à terme, et revend comptant des marchandises qu'il n'a même pas encore reçues, annonce, par ce seul fait, un extrême embarras dans ses affaires. Un négociant prudent et bien famé s'abstiendra toujours d'agir ainsi. Ces sortes de ventes ne sont faites que par ceux qui sont pressés de se créer des ressources.*

3° *Pour les mêmes motifs, un négociant honnête et circonspect répugne à faire l'achat de marchandises en route dans l'intérieur, surtout si les factures qui lui sont montrées annoncent que le prix n'en est pas encore payé. Il n'est pas dans l'ordre des* choses, qu'on achète et qu'on paie, sans les voir, des marchandises encore exposées aux risques de la route.

Il n'y a que des faiseurs d'affaires ou des spéculateurs frauduleux qui fassent ordinairement des achats pareils : et ces acheteurs méritent certainement bien moins de faveur que les vendeurs expéditeurs non payés.

4° Enfin, la Chambre sait que bien souvent l'article 578 a servi à couvrir des fraudes, et que des négocians embarrassés et à la veille de faillir, disposaient de leurs marchandises en route, pour en remettre le produit à certains de leurs créanciers, au détriment des expéditeurs non payés.

La Chambre croit donc que l'article 578 doit être supprimé, et elle l'a effectivement retranché de son projet.

Les mots sans fraude qui semblaient un correctif dans cet article, ne sont qu'un remède insignifiant; car il est difficile de découvrir la fraude, et plus difficile encore d'en faire déclarer l'existence contre ceux qui l'ont pratiquée.

CHAPITRE 1ᴱᴿ.

Marchandises vendues au Failli.

106.

Le vendeur non payé pourra, en cas de faillite, revendiquer les marchandises qu'il a vendues et livrées au Failli ou au commissionnaire désigné par le Failli, si la vente a été faite au comptant, et si, d'ailleurs, elle est constatée par traité de Courtier dans les places où il en est établi.

La revendication autorisée par le présent article, devra être intentée, au plus tard, dans les trois jours qui suivront l'entière livraison. Après ce délai elle sera non-recevable.

107.

Il n'y aura pas lieu à revendication pour les ventes faites à terme.

Néanmoins, le vendeur non payé, qui aura expédié lui-même les marchandises à l'acheteur ou au commissionnaire désigné par ledit acheteur, pourra les revendiquer, si elles ne sont pas encore entrées dans les magasins de l'acheteur Failli, ou du commissionnaire chargé par celui-ci de les vendre, ou si elles n'y sont entrées qu'après l'ouverture de la faillite.

Voyez les observations sur l'article suivant.

108.

Si les marchandises n'étant entrées dans les magasins du Failli ou de son commissionnaire à la vente qu'après l'ouverture de la faillite, avaient été vendues au profit de la masse, le revendicant aurait le droit de se faire restituer par la masse le prix qu'elle en aurait reçu.

La disposition de l'article ci-dessus a besoin de quelque développement.

L'état de la faillite, par rapport à tous les intéressés, est fixé au moment de son ouverture.

Il ne peut plus varier.

Dès lors la faillite ne peut ni perdre ni acquérir.

Tout doit être jugé suivant l'état des choses, tel qu'il existait dans ce moment décisif.

Le scellé opère la clôture légale des magasins et du comptoir.

Il s'oppose à la sortie de ce qu'ils contiennent : tout ce qui s'y trouve appartient à la masse.

Mais, cette même clôture est aussi un obstacle à de nouvelles entrées.

La faillite qui ne peut rien perdre de ce qu'elle a dans ce moment, ne peut pas, non plus, acquérir des droits qu'elle n'a pas encore.

Elle ne peut donc pas considérer comme sa propriété, des marchandises non payées et non encore parvenues au Failli.

En un mot, elle ne peut ni se détériorer, ni s'améliorer par les évènemens subséquens, en ce qui concerne les tiers.

Une tradition immémoriale a toujours fait considérer les marchandises arrivant au Failli, après l'ouverture de sa faillite, comme étant reçues en état de séquestration légale, et pour compte de qui il appartiendrait, par les Syndics Administrateurs judiciaires.

Aussi, les marchandises qui, expédiées d'une autre place, n'arrivaient au Failli qu'après la déclaration de la faillite, étaient restituées aux expéditeurs non payés.

Ce principe n'est pas moins d'accord avec le droit qu'avec la morale et l'équité.

Quelques décisions judiciaires l'ont adopté, mais avec une circonspection timide qui est loin d'exclure le doute et d'imposer silence à la controverse.

La Chambre demande qu'il soit hautement proclamé :

Il est nécessaire à la confiance du Commerce.

Voici un exemple qui prouvera cette nécessité.

Une cargaison de plomb est expédiée d'un port d'Espagne à un négociant de Marseille, que l'expéditeur croyait encore sur pied.

Elle arrive à Marseille après la faillite ouverte.

Les Agens de la faillite, guidés par une injuste cupidité, se hâtent de vendre les plombs et d'en recevoir le payement.

Le vendeur non payé, apprenant plus tard la faillite, veut exercer la revendication.

12

Mais il ne trouve plus ses plombs : ils avaient été vendus à divers acheteurs, et fondus.

On lui objecte que la revendication ne lui compète pas, puisque les marchandises ne sont plus en nature.

La conduite de ces Agens était un véritable dol.

L'expéditeur en a obtenu justice. La masse a été obligée de restituer le prix des plombs qui n'étaient arrivés qu'après la faillite, et qui avaient été vendus en fraude des droits de l'expéditeur non payé.

La décision qui est intervenue à cet égard a été motivée sur les principes que la Chambre expose.

Il convient de les convertir en loi formelle, parce qu'il importe à l'honneur du Commerce Français que les étrangers puissent lui envoyer des marchandises à crédit, sans avoir à craindre qu'en cas de faillite déclarée avant l'arrivée, la masse des Créanciers se les approprie frauduleusement.

109.

Le droit attribué au propriétaire vendeur, par les articles précédens, compétera pareillement au commissionnaire que le Failli avait chargé de l'achat.

110.

La revendication ne pourra être exercée que sur les marchandises qui seront reconnues être identiquement les mêmes, et lorsqu'il sera reconnu que les balles, barriques ou enveloppes dans lesquelles elles se trouvaient, lors de la vente, ainsi que les marques, n'ont point été changées.

Les barriques, balles, colis, etc., qui auront subi quelque altération dans la nature ou la quantité de leur contenu, ne pourront être revendiqués.

Quant aux marchandises en *vrac*, la revendication aura lieu lorsque leur identité sera reconnue.

(*Art.* 580 *du Code de Commerce.*)

L'article ci-dessus reproduit le texte du 580e du Code actuel, et n'en diffère que par la suppression des mots qui refusent la revendication, lorsqu'une partie seulement des marchandises est trouvée en nature.

La revendication de la partie fut toujours autorisée, dans les cas où il y avait lieu à la revendication de la totalité.

Le Code actuel a introduit une innovation, en prohibant la revendication lorsqu'on ne trouvait plus la même *quantité*.

La Chambre demande le retour au droit qui avait été généralement observé jusques alors.

Un Négociant de Rouen commet un achat de 300 balles de coton à Marseille.

Il ordonne d'adresser 100 balles à son Commissionnaire de Lyon, et de lui expédier à droiture les autres 200 balles.

Ses ordres sont exécutés.

Sa faillite éclate.

Dans ce moment, les 100 balles étaient entrées dans les magasins du Commissionnaire de Lyon : mais les 200 n'étaient pas encore parvenues à Rouen ; et le vendeur expéditeur les saisit en route.

Est-il juste de lui refuser la revendication de ces 200 balles, parce que l'achat était de 300 ?

Les marchandises confiées au commissionnaire de roulage sont souvent trop considérables pour être expédiées le même jour.

Si l'importance de leur volume est telle que le chargeur les expédie par des voituriers différens, et à divers jours d'intervalle ; il est possible que les dernières expéditions n'arrivent qu'après la faillite, tandis que les premières auront été reçues auparavant.

Dans ce cas, le vendeur non payé sera-t-il sans droit sur ce qu'il trouve encore en route ?

AUTRE EXEMPLE :

Un navire portant 1000 hectolitres de blé, est en déchargement. 500 hectolitres sont déjà débarqués lorsque la faillite du destinataire éclate. L'expéditeur non payé sera-t-il obligé de lui faire la livraison des 500 qui restent à bord, et ne pourra-t-il plus les retenir par revendication, parce qu'il aura eu le malheur de livrer les 500 autres ?

On pourrait citer une infinité d'exemples pareils ; mais ils seraient superflus pour l'intelligence de la question.

La Chambre demande donc que la revendication soit admise pour la partie, lorsqu'elle ne pourra pas l'être pour le tout.

Elle est cependant bien aise d'expliquer ce qu'elle entend par partie.

Si une vente est de 100 balles, et que 40 balles soient retrouvées intactes et avec la preuve de l'identité, la revendication aura lieu pour ces 40 balles. Elle n'aura pas lieu pour les 60 autres qui seraient trouvées ouvertes ou dénaturées de toute autre manière.

Si la vente est de 100 barriques, et que 75 aient été dénaturées, la revendication n'aura pas lieu sur ces 75 ; elle ne portera que sur les 25 autres trouvées en nature.

Tel est l'avis de la Chambre.

Elle ajoute que le Code actuel est muet sur les marchandises en *vrac*, *refus* ou *grenier*, telles que les blés, les marbres, les plombs, les étains, les bois, etc. etc.

De ce que ces marchandises ne sont pas mises en balles et colis, il ne s'ensuit pas que le droit de revendication doive être refusé à leur vendeur non payé.

Il suffira que leur identité soit reconnue par les Tribunaux, suivant les preuves ordinaires de ces sortes de chargemens.

La Chambre a pensé qu'il convenait de réparer l'omission que le Code contient à cet égard.

111.

Dans le cas de revendication ci-devant, les Syndics de la faillite auront la faculté de retenir les marchandises revendiquées, en payant au revendicant le prix convenu entre lui et le Failli.

Cet article est le 582ᵉ du Code actuel.

CHAPITRE 2.

Marchandises expédiées au Failli, à titre de commission.

112.

Pourront être revendiquées, aussi long-temps qu'elles existeront en nature, en tout ou en partie, les marchandises consignées au Failli à titre de dépôt, ou pour être vendues pour le compte de l'envoyeur.

Cet article est conforme au 581ᵉ du Code actuel.

113.

Dans le cas où ces marchandises auraient été vendues par le Failli, le prix qui en serait dû par les acheteurs sera revendiqué par ledit envoyeur.

Et si ce prix a été payé au Failli en effets de commerce qui se trouvent encore dans son portefeuille, lesdits effets seront pareillement revendiqués par l'envoyeur desdites marchandises.

Cet article est conforme au 581ᵉ du Code actuel.

114.

Si le prix de ces marchandises, vendues par le Failli, avait été passé en compte entre lui et l'acheteur, la somme par laquelle ce compte solderait au profit du Failli, par suite de la passation de ce prix dans ledit compte, serait soumise à la revendication de l'envoyeur.

Si le Failli avait vendu à un de ses Créanciers les marchandises de son commettant, et si ce créancier avait passé le prix dans son compte avec le Failli, il y aurait confusion, tout comme si le Failli avait reçu le prix, et l'avait versé dans sa caisse.

Dans ce cas il n'y aurait pas lieu à revendication.

Toutefois, si l'acheteur n'était créancier que d'une somme inférieure au montant du prix, il se trouverait débiteur de l'excédant.

Et dans ce cas il devrait y avoir lieu à revendication pour cet excédant.

EXEMPLE:

Pierre doit 5000 fr. à Jacques, et lui vend 12000 fr. de marchandises appartenantes à Paul, pour en porter le prix en compte.

Ce compte laissera Jacques débiteur de 7000 fr.

Cette créance, provenant des marchandises de Paul, doit être soumise à sa revendication.

Si on admet la revendication des billets souscrits par l'acheteur, et des sommes dont il est encore débiteur pour le prix, pourquoi ne l'admettrait-on pas lorsque ce prix est encore dû par l'acheteur, en compte courant?

Le commettant propriétaire est déjà assez malheureux d'être obligé de souffrir la compensation qui se fait, à son préjudice, de la somme dont le Failli était débiteur à l'acheteur; il est de toute équité que tout ce qui dépasse cette compensation soit soumis à la revendication.

115.

La vente que les Syndics auraient faite des marchandises mentionnées au présent chapitre, et le recouvrement que les Agens ou Syndics auraient fait du prix ou des valeurs provenant de la vente précédemment faite par le Failli, ne pourront préjudicier au revendicant, lequel aura le droit de faire restituer à la masse le payement qu'elle en aurait reçu.

On a déjà fait remarquer que l'état de la faillite était irrévocablement fixé, quant aux droits des tiers, au moment même de son ouverture.

Si, dans ce moment, les marchandises expédiées au Failli, avec charge de les vendre pour compte de l'expéditeur, se trouvent encore en nature dans les magasins du Failli,

Ou si, ayant été vendues, les valeurs souscrites par l'acheteur, en payement de ces marchandises, existent dans le portefeuille du Failli,

Le droit de reprise des marchandises ou des valeurs ne peut pas être contesté au propriétaire-expéditeur.

Ce qui est fait ultérieurement par les Syndics, ne saurait altérer son action.

La masse ne peut jamais avoir d'autres droits que ceux qui lui compétaient au moment même de la faillite.

Les marchandises et les valeurs dont on parle ici n'étaient dans les mains du Failli qu'un dépôt qui ne peut ni être diverti par les Agens ou Syndics, ni être confondu dans le patrimoine de la faillite.

13

Il est peu vraisemblable que des Syndics abusent de l'éloignement du commettant-expéditeur, pour vendre ses marchandises trouvées en dépôt chez le Failli.

Toutefois il suffit que cela soit arrivé et puisse arriver encore, pour que la loi doive y pourvoir.

Il en est de même des valeurs existantes en portefeuille au moment de la faillite, et provenant des ventes que le Failli aurait faites de ces marchandises.

Ces valeurs peuvent être à courte échéance.

Le devoir des Agens et des Syndics est de les recouvrer.

Néanmoins, le recouvrement qu'ils en auront fait avant que le Commettant ait pu les revendiquer, ne doit pas nuire aux droits de ce dernier.

Dès l'instant de la faillite il ne peut plus y avoir de confusion; et il ne dépend ni des Agens ni des Syndics de s'approprier, par les opérations qu'ils font au nom de la masse, des marchandises et valeurs qui n'appartenaient pas à la faillite au moment de son ouverture.

Si la masse en dispose, elle doit en être comptable au véritable propriétaire.

CHAPITRE 3.

Effets de Commerce remis au Failli.

116.

Les remises en effets de commerce ou tous autres effets non encore échus, ou échus et non encore payés, qui se trouveront en nature dans le portefeuille du Failli à l'époque de sa faillite, pourront être revendiqués par les envoyeurs, si ces remises ont été faites par eux avec le simple mandat d'en faire le recouvrement, et d'en garder la valeur à la disposition desdits envoyeurs, ou si elles avaient été destinées spécialement par eux à servir au payement d'acceptations ou de billets payables au domicile du Failli.

(*Art.* 583 *du Code de Commerce.*)

Il en sera de même des remises qui parviendraient au Failli après l'ouverture de la faillite.

Pour les motifs de l'addition *ci-dessus*, voyez les observations à la suite des articles 108 et 115.

117.

Les remises faites au Failli pour être portées en compte courant, pourront, si elles se trouvent dans son portefeuille, être pareillement revendiquées jusqu'à concurrence de la somme par laquelle ledit compte soldera au profit de l'envoyeur desdites remises.

> La Chambre propose l'article ci-dessus en remplacement de la rédaction de l'art. 584.

118.

Dans le cas où le Failli aurait chargé un tiers, du recouvrement de ces remises, l'envoyeur pourra pareillement les revendiquer.

Mais si elles ont été négociées à ce tiers, le revendicant n'aura droit qu'à l'excédant libre, s'il y en a.

> Dans l'hypothèse ci-dessus, le tiers n'est qu'un mandataire substitué ; cette substitution ne doit pas changer les droits du mandant principal.
> Voyez les observations à la suite de l'art. 114.

119.

Dans les cas prévus par les trois articles précédens, le recouvrement que les Agens et Syndics auraient fait, soit du prix des ventes, soit des effets et remises, ne sera pas un obstacle au droit de revendication. Le revendicant demeure autorisé à se faire restituer, par la masse, le montant de ces recouvremens.

> Voyez les observations à la suite des art. 108, 114 et 115.

CHAPITRE 4.

Dispositions communes à tous les cas de Revendication.

120.

Ceux qui se croiront en droit d'exercer une revendication, devront former leur demande aux Syndics, sur simple mémoire et sans frais.

Si les Syndics trouvent la demande fondée, ils l'admettront, sauf l'approbation du Juge-Commissaire.

(*Art. 585 du Code de Commerce.*)

121.

Si les Syndics contestent la demande, ou si le Juge-Commissaire refuse d'approuver le consentement qu'ils y auraient donné, le demandeur ajournera les Syndics devant le Tribunal de Commerce, qui statuera après avoir entendu le Juge-Commissaire.

(*Art.* 585 *du Code de Commerce.*)

122.

La forme de procéder, déterminée par les deux articles précédens, en matière de revendication, ne sera pas un obstacle à ce que les réclamans recourent aux mesures provisoires et conservatoires que leur intérêt pourra exiger.

Ces mesures pourront être ordonnées par les Présidens des Tribunaux de Commerce : mais, lors même qu'elles le seraient par les Juges ordinaires, la question de revendication sera toujours décidée par le Tribunal de Commerce, investi de la connaissance de la faillite.

La Chambre doit expliquer, avec un certain développement, les motifs qui lui font proposer les trois articles ci-dessus.

Les saisies-revendication doivent être autorisées, dans plusieurs cas, *par une Ordonnance du Juge*.

Ces expressions du Code de Procédure civile ont été diversement interprétées.

Les uns ont entendu, par ces mots, le *Juge Compétent*, et se sont adressés aux Tribunaux de Commerce.

D'autres ont entendu le *Juge Civil*, et ont demandé aux Tribunaux civils l'autorisation de saisir-revendiquer, etc.

Et, par suite de cette interprétation, ils se sont adressés aux Tribunaux civils pour faire statuer au fond.

La jurisprudence des Cours Royales semble avoir consacré cette dernière interprétation.

Il résulte de cet état de choses, qu'à l'exception des cas où la revendication est exercée sans saisie, les Tribunaux de Commerce n'en connaissent pas.

C'est à quoi se réduit aujourd'hui l'application de l'art. 585 du Code actuel.

La Chambre regarde cette jurisprudence comme étant contraire au véritable sens de la loi, et aux intérêts du commerce.

Le Code a voulu que toutes les questions de revendication fussent jugées par les Tribunaux de Commerce. Il ne s'y agit que d'actes de commerce entre commerçans ; la compétence commerciale ne saurait donc être douteuse.

L'art. 417 du Code de Procédure civile, et l'art. 172 du Code de Commerce, autorisent les Présidens des Tribunaux de Commerce à ordonner des saisies dans les cas prévus par ces articles.

Pourquoi ces Magistrats n'auraient-ils pas le même pouvoir dans les cas de re-vendication ?

La Chambre demande donc que les Juges de Commerce soient autorisés à or-donner les saisies-revendication, lorsqu'il y aura lieu.

Et dans le cas où on penserait que ce droit n'appartient qu'aux Juges Civils, la Chambre demande qu'il soit déclaré qu'après que les Tribunaux Civils auront autorisé les mesures conservatoires, le jugement du mérite de l'action en revendication soit exclusivement réservé aux Tribunaux de Commerce, qui sont, bien mieux que les Tribunaux Civils, en état d'apprécier tout ce qui concerne des questions de cette nature.

Il importe à l'intérêt bien entendu des masses, que les affaires contentieuses de la faillite ne soient pas disséminées devant plusieurs Tribunaux.

Ce n'est pas sans motifs que la loi veut que le Juge-Commissaire soit entendu dans toutes les affaires qui concernent la faillite.

Il y aurait beaucoup de choses à dire sur les atteintes que la compétence com-merciale reçoit par suite des actions en saisie-arrêt. Les hommes d'affaires prennent presque toujours ce moyen pour convertir en instances devant les Tribunaux Civils, des demandes qui devraient être portées aux Tribunaux de Commerce.

La Chambre n'entrera point, à cet égard, dans des détails qui seraient hors du sujet actuel. Mais elle insiste sur la nécessité d'adopter des mesures législatives qui ne permettent pas de distraire les actions en revendication, des Juges de Commerce, et qui n'en fassent pas le patrimoine des hommes d'affaires. La simplicité des formes, leur célérité et leur économie doivent être les caractères distinctifs de la juris-diction commerciale.

123.

Dans tous les cas où la revendication sera admise, le revendicant devra payer préalablement aux Syndics, les sommes dont il serait débiteur au Failli ou à la masse, pour quelque cause et à quelque titre que ce soit.

Et dans le cas où le Failli aurait donné des acceptations pour le compte du reven-dicant, celui-ci sera pareillement tenu d'en libérer préalablement la masse.

L'art. 579 du Code actuel se borne à soumettre le revendicant au rembourse-ment des frais et dépenses de la marchandise revendiquée.

Il a paru convenable d'étendre cette obligation à toutes les sommes que le reven-dicant devrait au Failli, à quelque titre que ce soit ; car, si le Failli est créan-cier du revendicant, pour toute autre cause, la masse doit être autorisée à retenir les marchandises de celui-ci jusqu'à ce qu'il se soit complètement libéré envers elle.

Il arrive fréquemment, que l'expéditeur de marchandises consignées au Failli, a tiré, sur lui, des traites que celui-ci a revêtues de son acceptation.

Cette acceptation rend les porteurs des traites Créanciers du Failli.

Il est de toute justice que le propriétaire des marchandises ne puisse les retirer qu'en libérant les acceptations données par le Failli sous la garantie même de ces marchandises.

14

TITRE 6.

Vérification et Affirmation des Créances hypothécaires et chirographaires.

CHAPITRE 1ᴱᴿ.

De la Vérification.

OBSERVATIONS.

On s'est plaint généralement de la lenteur de la marche de la faillite, et du grand nombre de formalités dont elle est surchargée.

La Chambre pense que ces formalités peuvent être diminuées et abrégées.

Le délai pour le dépôt des titres à vérifier est maintenant de quarante jours ; il peut être réduit à vingt, sans inconvénient.

Le mode actuel de vérification exige beaucoup trop d'écritures.

La majeure partie des créances est toujours insusceptible de difficultés. Pourquoi, lorsque aucune réclamation ne s'est élevée contre l'admission d'une créance, et lorsque les Syndics l'ont reconnue juste, ne serait-elle pas admise aussitôt par eux ?

Le procès verbal d'affirmation contiendrait ensuite, sommairement, les énonciations nécessaires pour constater le montant du passif.

Les formalités aujourd'hui prescrites par le Code, resteraient réservées pour les créances dont la légitimité ne serait pas évidente.

On éviterait ainsi un grand matériel d'écritures, et la marche de la faillite serait abrégée d'autant.

La sommation, faite aux Créanciers, de déposer leurs titres dans les vingt jours, suffirait pour les mettre en demeure quant à la délibération du concordat, s'ils n'avaient pas fait vérifier leurs titres avant cette délibération.

C'est dans ce sens que la Chambre propose la rédaction du présent chapitre et du suivant qui lui ont paru devoir donner une impulsion plus rapide aux formalités à remplir avant la délibération du concordat.

124.

Dans les huit jours qui suivront leur entrée en fonctions, les Syndics feront insérer dans le Journal d'Annonces judiciaires, conformément à l'article 683 du Code de Procédure civile, un avis, par lequel les Créanciers, tant hypothécaires que chirographaires, de la faillite, seront sommés,

De se présenter, dans le délai de vingt jours, par eux ou par leurs fondés de pouvoirs, aux Syndics de la faillite,

De leur déclarer à quel titre et pour quelle somme ils sont Créanciers,

Et de leur remettre leurs titres de créances dont lesdits Syndics leur donneront *récépissé.*

La même sommation sera adressée, par lettres missives des Syndics, aux Créanciers présumés de ladite faillite.

> L'article ci-dessus correspond au 502ᵉ du Code actuel.
> Celui-ci laissait aux Créanciers la faculté de remettre leurs titres aux Syndics, ou de les déposer au Greffe.
> Ce double mode présente des inconvéniens:
> Il arrive souvent que dans la même faillite une partie des titres est remise aux Syndics, et l'autre partie est déposée au Greffe.
> Cependant, les Syndics doivent avoir les titres à leur disposition pour leur examen préparatoire.
> S'ils en ont besoin pour les compulser avec les écritures du Failli, comment pourront-ils avoir ceux qui sont déposés au Greffe, et dont le Greffier responsable ne voudra pas se dessaisir?
> La Chambre considère le dépôt des titres au Greffe comme un obstacle à leur vérification préparatoire, et pense que le dépôt doit avoir lieu exclusivement dans les mains des Syndics.

125.

Lorsque les titres de créances chirographaires à déposer, contiendront, outre la signature du Failli, l'obligation d'autres débiteurs envers lesquels le porteur aura des diligences à faire, il suffira au Créancier porteur de ces titres, d'en déposer une copie certifiée, en la faisant reconnaître exacte par les Syndics.

> Cet article contient une disposition dont la convenance est évidente, et dont la Chambre demande l'insertion dans la loi future.

126.

Tout Créancier qui aura déposé ses titres, pourra prendre connaissance des titres déposés par les autres Créanciers;

Et s'il veut s'opposer à l'admission de quelques-uns de ces titres, il en fera la déclaration aux Syndics qui ne pourront pas admettre la créance, sans avoir appelé le Créancier opposant, à la vérification devant le Juge-Commissaire.

(*Art. 504 du Code de Commerce.*)

127.

Cinq jours après l'expiration du délai fixé par l'article 124, les Syndics procèderont à l'examen des titres déposés par les Créanciers.

Ils les compulseront avec les livres et écritures de la faillite ; ils prendront même, s'il le faut, des renseignemens du Failli ;

Et s'ils reconnaissent la sincérité et la légitimité desdits titres, et qu'aucune opposition n'ait été déclarée par d'autres Créanciers, les Syndics admettront lesdites créances au passif de la faillite, sans aucune autre formalité.

128.

Cette admission sera constatée par la déclaration que les Syndics signeront au bas des titres, laquelle sera visée par le Juge-Commissaire.

(*Art. 506 du Code de Commerce.*)

129.

Les titres ainsi vérifiés seront rendus à leurs propriétaires, qui restitueront le *récépissé* qui leur en avait été donné par les Syndics.

130.

Quant aux créances que les Syndics ne croiront pas devoir admettre, ou à l'admission desquelles d'autres Créanciers auraient déclaré s'opposer, elles devront être vérifiées devant le Juge-Commissaire, contradictoirement entre le demandeur en admission, et les Syndics.

131.

Les Créanciers qui auraient déclaré s'opposer à cette admission, seront avertis par lettres missives des Syndics, et pourront ; ainsi que tous autres qui auront produit leurs titres, assister à la vérification, et proposer leurs motifs d'opposition à l'admission.

132.

Les titres seront rapprochés des livres du Failli ; le Juge-Commissaire pourra, suivant l'exigence des cas, demander aux Créanciers, s'ils sont présens sur les lieux, la représentation de leurs registres, ou, s'ils résident ailleurs, l'extrait des susdits registres, fait par un des Juges du Tribunal de Commerce de leur résidence.

(*Art.* 5o5 *du Code de Commerce.*)

133.

A la suite de ces opérations, et après avoir entendu les opposans, s'il y en a, le Juge-Commissaire pourra ordonner, avec le consentement des Syndics, l'admission de la créance au passif de la faillite ; laquelle admission aura lieu par la déclaration suivante, que les Syndics écriront sur les titres : *Admis au passif de la faillite pour la somme de*..........

Le visa du Commissaire sera mis au bas de ladite déclaration.

134.

Si les Syndics contestent la créance, le Juge-Commissaire renverra les parties devant le Tribunal qui statuera.

Le Juge-Commissaire pourra même prononcer ce renvoi d'office, et rendre, s'il le juge convenable, une ordonnance portant le dépôt des titres au greffe du Tribunal de Commerce. (*)

Dans ce dernier cas l'ordonnance du Juge-Commissaire, qui sera signée par le Greffier, contiendra la mention du paraphement des titres et du chargement que le Greffier déclarera en faire.

(*) (*Art.* 5o8 *du Code de Commerce.*)

135.

Le renvoi devant le Tribunal sera constaté par cette formule, que le Juge-Commissaire mettra au bas du titre : *Renvoyé devant le Tribunal pour être statué.*

La partie la plus diligente se pourvoira devant le Tribunal.

136.

Si la créance n'est contestée que pour une partie, elle sera admise pour le surplus ; et il sera procédé, pour la partie contestée, ainsi qu'il est dit dans les deux articles précédens.

137.

Avant de statuer sur l'admission ou le rejet de la créance contestée, le Tribunal

15

pourra ordonner qu'il soit fait devant le Juge-Commissaire enquête sur les faits, et que les personnes qui pourront fournir des renseignemens, soient, à cet effet, citées par-devant lui.

(*Art.* 509 *du Code de Commerce.*)

CHAPITRE 2.

Affirmation des Créances.

138.

Après l'admission ou le rejet des créances dont les titres auront été produits dans le délai fixé par l'art. 124, le Juge-Commissaire rendra ordonnance portant que les Créanciers admis au passif de la faillite, seront tenus d'affirmer devant lui la sincérité de leur créance.

Il indiquera les jour et heure auxquels il recevra le serment desdits Créanciers, et fixera un délai, qui ne pourra être moindre de six jours, ni excéder dix.

139.

Cette ordonnance sera insérée dans la Feuille d'Annonces judiciaires, conformément à l'art. 683 du Code de Procédure civile, à la diligence des Syndics qui aviseront, d'ailleurs, lesdits Créanciers, par lettres missives.

140.

Les affirmations seront reçues, les unes à la suite des autres, sur un seul et même cahier. Il sera dressé procès verbal de chacune d'elles, lequel sera signé par le Créancier, le Juge-Commissaire et le Greffier.

Ce procès verbal contiendra le nom et le domicile du Créancier, la nature et le montant de sa créance, et le bordereau détaillé de ses titres, s'il en a plusieurs.

Il sera retenu au Greffe.

141.

Les Syndics pourront être présens aux affirmations, et dans ce cas ils en signeront le procès verbal.

CHAPITRE 3.

Mise en demeure des Créanciers qui n'auront pas fait légitimer leurs Créances.

142.

A l'expiration du délai porté par l'art. 138, pour l'affirmation des créances véri-fiées, le Juge-Commissaire rendra une ordonnance portant que ceux des Créanciers de la faillite qui n'ont pas rempli les formalités de la vérification et de l'affirma-tion, sont mis en demeure, et qu'il sera passé outre, soit à la délibération du Concordat, soit à toute autre, nonobstant l'absence desdits Créanciers, et sauf à eux de faire vérifier et d'affirmer leurs titres avant lesdites délibérations, et sans retardation d'icelles.

Les délais accordés par les articles précédens, et le temps qui doit s'écouler encore avant le Concordat, sont plus que suffisans pour que les créanciers résidans sur les places les plus éloignées de l'Europe, aient pu envoyer leurs titres ou leurs pouvoirs au lieu de l'ouverture de la faillite.

La négligence de ceux qui ne l'auraient pas fait, ne saurait être un motif de suspendre la marche de la faillite; il suffit de les admettre à la vérification et à l'affirmation, s'ils se présentent ultérieurement.

Les Créanciers qui résident dans les autres parties du monde pourraient, seuls, se plaindre de l'insuffisance du délai.

Mais il est rare que les faillites qui éclatent en France aient des Créanciers aussi éloignés.

D'ailleurs, il ne faudrait pas que la résidence de quelques Créanciers au Mexique, ou dans l'Inde, fût un obstacle à la liquidation des faillites, au préjudice de tous les autres intéressés.

De deux choses, l'une :

Ou il intervient un Concordat, et dans ce cas le Créancier absent profite des conditions du traité ;

Ou, à défaut de Concordat, les biens sont vendus pour compte de la masse, et répartis aux Créanciers, et dans ce dernier cas un nouveau délai proportionné aux distances sera donné à ces Créanciers, pour qu'ils puissent participer aux répar-titions. (*Voyez le Chap. V du tit. 10 du présent Projet.*)

Ainsi, dans aucune hypothèse, les Créanciers résidans sur les places les plus éloignées, ne seront lésés par la délibération qui sera prise par ceux qui auront fait vérifier leurs créances.

La Chambre ne saurait trop insister sur la nécessité d'imprimer la plus grande célérité à la liquidation des faillites.

143.

Ladite ordonnance sera insérée sur-le-champ dans la Feuille d'Annonces judiciaires, conformément à l'art. 683 du Code de Procédure civile, à la diligence des Syndics, qui en donneront connaissance, par lettres missives, aux Créanciers présumés.

TITRE 7.

Assemblée des Créanciers pour délibérer sur l'état de la Faillite.

CHAPITRE 1ᴱᴿ.

Formes de la Convocation de l'Assemblée.

144.

Cinq jours après l'insertion mentionnée dans l'article précédent, les Syndics, après s'être entendus avec le Juge-Commissaire, convoqueront, sous son autorisation, les Créanciers qui, après avoir fait vérifier leurs créances, en auront fait l'affirmation dans le procès verbal ouvert à cet effet, conformément à l'art. 140.

145.

Cette convocation aura lieu par un avis imprimé, que les Syndics feront afficher dans la Ville, et insérer dans le Journal d'Annonces judiciaires, conformément à l'article 683 du Code de Procédure civile.

Les Syndics l'adresseront individuellement aux Créanciers portés dans le procès verbal d'affirmation.

146.

L'affiche dudit avis et son insertion dans le Journal d'Annonces, devront avoir lieu cinq jours au moins avant l'Assemblée.

147.

Les Syndics sommeront le Failli, au moins trois jours à l'avance, de se trouver à cette Assemblée, ou de s'y faire représenter par un fondé de pouvoir spécial.

16

CHAPITRE 2.

Formalités qui seront observées dans l'Assemblée.

148.

Aux jour et heure indiqués pour la convocation, l'Assemblée se formera sous la présidence du Juge-Commissaire.

149.

Les Syndics feront apporter à l'Assemblée les livres du Failli, le Bilan remis par lui, avec les redressemens faits par les Syndics, ou celui qui aura été rédigé par les Syndics dans le cas où le Failli ne l'aurait pas rédigé lui-même.

150.

Le Greffier du Tribunal mettra sur le bureau de cette Assemblée le procès verbal d'affirmation des créances.

Les Syndics et le Juge-Commissaire n'admettront à l'Assemblée que les Créanciers chirographaires qui auront affirmé leur créance dans ledit procès verbal.

151.

Les Créanciers privilégiés, ceux qui sont nantis d'un gage, et ceux qui ont une inscription hypothécaire, n'auront pas le droit de faire partie de cette Assemblée.

(*Art. 520 du Code de Commerce.*)

CHAPITRE 3.

Rapport des Syndics.

OBSERVATIONS.

Il est juste que les Créanciers appelés à délibérer sur l'état de la faillite, le connaissent exactement.

Ils ne peuvent acquérir cette connaissance que par le Rapport des Syndics.

Mais quelle sera la teneur et la forme de ce Rapport?

La Chambre s'est convaincue de l'insuffisance des dispositions actuellement existantes à cet égard.

D'après le Code actuel, les Agens et les Syndics doivent, dès qu'ils sont entrés en fonctions, adresser un Rapport au Procureur du Roi, pour lui faire connaître les faits qui mettraient le Failli en prévention de banqueroute.

Les Syndics doivent, en outre, suivant l'article 517, rendre un compte de l'état de la faillite, à l'Assemblée des Créanciers réunis pour délibérer le concordat ou le contrat d'union.

Tels sont les rapports dont l'obligation est imposée aux Agens et Syndics.

Voyons maintenant comment cette obligation est remplie.

§ 1er.

RAPPORTS AU PROCUREUR DU ROI.

Il répugne aux Syndics, lors même qu'ils ont les plus justes griefs contre le Failli, de se porter ses accusateurs.

En mettant les Syndics en présence du Procureur du Roi, les auteurs du Code n'ont pas assez réfléchi à ce que cette position avait de pénible. L'accusation ne peut et ne doit être exercée que par les Officiers de police judiciaire; c'est à eux qu'il appartient d'en réunir les élémens. Les simples particuliers ne se décideront jamais à rédiger des rapports destinés à être les bases premières d'une accusation criminelle.

Et cette répugnance naturelle est encore accrue par les sollicitations de toute espèce dont les parens et les amis du Failli ne manquent pas d'accabler les Agens et Syndics.

Aussi, comment ces rapports sont-ils faits?

L'Agent, qui bien souvent n'est pas créancier, se borne ordinairement à dire que les écritures étant encore sous les scellés , il lui a été impossible d'avoir une connaissance assez exacte de l'état de la faillite , pour former son opinion.

La quinzaine de ses fonctions expire , et il n'a plus de rapport à faire.

Viennent ensuite les Syndics.

Ils ne manquent pas de faire leur rapport dans la huitaine de leur entrée en fonctions , conformément à l'article 488.

Mais cette exactitude même les autorise à dire qu'ils ont eu à peine le temps de faire' lever les scellés , et qu'ils ne sont pas encore assez instruits des circonstances de la faillite pour en rendre un compte exact : ils annoncent , toutefois , que s'ils découvrent ultérieurement des faits à la charge du Failli , ils ne manqueront pas · d'en rendre compte.

Tels sont , en général , les rapports faits au ministère public par les Agens et les Syndics.

La Chambre pense que la loi est défectueuse à cet égard.

On ne doit pas attendre que de simples particuliers remplissent des fonctions d'Officiers de police judiciaire.

Des négocians , de mœurs douces , qui auront le malheur de se trouver · dans une faillite , et que la confiance des Créanciers et celle du Tribunal appelleront aux fonctions de Syndics , répugneront toujours à être les moteurs de poursuites criminelles, et à faire des rapports qui conduisent le Failli devant les Tribunaux.

Ils couvriront les fautes du Failli , plutôt que de les dévoiler ; car ils se considéreront toujours comme des hommes privés , et se refuseront à remplir des fonctions qu'ils regardent comme tenant aux poursuites confiées au ministère public.

C'est ainsi que les Syndics honnêtes éludent des obligations que la loi n'aurait peut-être pas dû leur confier.

Nous disons les Syndics honnêtes , car l'abus est bien plus grave , lorsque les Agens et les Syndics sont indélicats.

Ceux-ci ne manquent pas de se prévaloir du pouvoir redoutable dont ils sont revêtus. Ils montrent au Failli un rapport qui le justifie , et un qui l'accuse fortement : le premier sera adressé au Procureur du Roi , si le Failli couvre leurs créances par des moyens particuliers ; et dans le cas contraire , c'est le second qui sera expédié !

Il n'est malheureusement que trop vrai que certains Syndics trafiquent ainsi de leurs fonctions , nonobstant les lois répressives d'une prévarication aussi coupable. Ils deviennent alors les protecteurs du Failli auprès du Procureur du Roi et auprès de la masse des Créanciers.

§ 2.

COMPTE RENDU A L'ASSEMBLÉE DES CRÉANCIERS.

L'article 517 du Code actuel ne s'explique pas sur la forme de ce compte.

La loi ne soumettant les Syndics à aucune règle spéciale, ils rendent leur compte comme ils le jugent à propos.

Une analyse succincte en est quelquefois insérée au procès verbal; d'autres fois, il se borne à dire que les Syndics ont fait leur rapport, sans énoncer quelles en ont été les conclusions.

Si des Syndics consciencieux donnent parfois les développemens convenables au compte qu'ils rendent, les autres s'acquittent assez mal de ce devoir. Ceux qui sont devenus les défenseurs du Failli, ne parlent que de ce qui peut être à son avantage, et éludent tout ce qui serait à sa charge. Les créanciers parviennent difficilement à obtenir quelques éclaircissemens, et délibèrent, presque toujours, sans connaître la véritable situation de la faillite.

Cet état de choses est abusif : il exige un remède.

MOYENS PROPOSÉS PAR LA CHAMBRE.

La Chambre a pensé qu'il convenait de fixer les points sur lesquels le rapport des Syndics devait porter. Il doit embrasser tous les objets dont il importe que les Créanciers soient instruits, et faire connaître, sans aucun déguisement, l'état réel de la faillite et ses caractères.

Ce Rapport sera divisé en deux parties.

La première sera relative aux intérêts pécuniaires de la faillite; et la seconde établira ses caractères et ses circonstances.

PREMIÈRE PARTIE DU RAPPORT.

Les détails que cette partie devra comprendre sont désignés avec assez de soin pour qu'après les avoir entendus, les Créanciers soient suffisamment instruits pour délibérer, en connaissance de cause, sur les offres qui leur seraient faites par le Failli.

Ces détails sont énumérés dans l'article 153 du Projet. (Voyez cet article.)

DEUXIÈME PARTIE DU RAPPORT.

Cette seconde partie sera relative aux caractères de la faillite.

Les Syndics devront déclarer si le Failli est dans quelqu'un des cas de faute ou de fraude spécifiés dans la partie pénale du Projet. (Articles 231, 232, 233 et 236.)

Par exemple, ils devront dire si le Failli a tenu les livres voulus par la loi;

S'il les a fait viser et parapher;

S'il a inscrit exactement ses dépenses;

17

Si elles sont ou non excessives ;

Si son Bilan est exact ;

Si ses pertes sont justifiées, etc.

Il est bien difficile que cette déclaration, qui sera faite en présence des Créanciers assemblés, et qui portera presque entièrement sur des faits dont la démonstration est matérielle, ne soit pas conforme à la vérité.

Car, si des Syndics disaient, faussement, que le Failli a inscrit ses dépenses mois par mois sur ses livres, ou qu'il a fait son inventaire annuel, il dépendrait d'un seul des Créanciers de constater ce mensonge officieux, en ouvrant les livres qui devront être portés à l'Assemblée.

D'ailleurs, si l'Assemblée des Créanciers ne découvrait pas le mensonge, le Procureur du Roi le constaterait facilement par la seule inspection des livres.

Tout porte à croire qu'en présence des Créanciers assemblés, parmi lesquels il en est toujours qui sont mal disposés envers le Failli, les Syndics n'auraient pas la témérité de dire le contraire de la vérité, et de s'exposer à un facile démenti.

Pour plus de garantie morale, la Chambre propose d'ordonner que le Rapport des Syndics soit annexé au procès-verbal de l'Assemblée. Il n'est pas vraisemblable que des Syndics qui se respectent voulussent laisser un monument public de l'oubli de leurs devoirs. Tel Syndic consentirait à déguiser et même à trahir la vérité dans un rapport éphémère dont il ne resterait pas de traces, qui n'y consentira pas, si son rapport doit rester au greffe.

Ce motif rendra les Syndics circonspects en présence des Créanciers qui pourraient découvrir sur-le-champ les inexactitudes du Rapport.

D'ailleurs, la Chambre a tâché de faire en sorte que les questions sur les fautes et sur les fraudes dont le Failli peut s'être rendu coupable, ne consistent qu'en points de faits matériellement constatés.

Cette clarté sera très-favorable à la manifestation de la vérité, et épargnera des vérifications trop compliquées aux officiers de justice, lorsqu'ils croiront devoir diriger des poursuites.

On dira peut-être que dans la manière de procéder proposée par la Chambre, on n'évitera ni l'inconvénient des Syndics méticuleux qui craignent de compromettre le Failli, ni celui des Syndics corrompus qui lui auront vendu leur protection.

La Chambre ne croit certainement pas que son Projet change les hommes, et prévienne tous les inconvéniens et tous les abus ; elle est loin d'aspirer à la perfection.

Mais elle pense,

1° Que les Syndics honnêtes ne craindront pas de rendre à l'Assemblée des Créanciers, un compte exact de ce qu'ils auront vu et de ce que les livres contiennent, tandis que tout rapport direct avec le Procureur du Roi leur répugne, comme les constituant, pour ainsi dire, Officiers de police.

Le Rapport des Syndics devant être suivi d'une délibération des Créanciers, c'est la masse elle-même qui constatera les fautes et les fraudes du Failli. La délibération sera donc le fait de la majorité des Créanciers, tandis que le compte rendu au Procureur du Roi était le fait personnel des Syndics.

D'ailleurs, comment supposer que lorsque les livres du Failli seront tenus ouverts dans l'Assemblée des Créanciers, des Syndics probes voulussent cacher ce qui est dans ces livres, ou affirmer le contraire de ce qui s'y trouve écrit ?

2° *Que des Syndics corrompus seront nécessairement retenus par la facilité que tout Créancier présent aurait de démentir leur rapport, en ouvrant les livres déposés sur le bureau.*

L'annexe de ce rapport au procès verbal semble, d'ailleurs, une garantie morale de plus ; car, ainsi qu'on l'a déjà dit, peu de personnes voudront s'exposer à laisser dans un acte écrit, des preuves d'une complaisance coupable.

La Chambre a long-temps médité sur les moyens d'empêcher que la masse soit trompée sur les ressources de la faillite, et que le Failli échappe, par des rapports mensongers et des réticences coupables, aux peines qu'il aurait justement encourues.

Elle a reconnu que le mode actuel était abusif ; et, après un mûr examen, elle s'est arrêtée aux dispositions ci-après qu'elle croit les plus propres à produire le résultat qu'elle désire.

152.

Les Syndics feront, par écrit, un Rapport qui, après avoir été paraphé et visé par le Juge-Commissaire et le Greffier, demeurera annexé au procès verbal de ladite Assemblée.

Ce Rapport sera divisé en deux parties.

153.

Dans la première partie de ce Rapport les Syndics rendront un compte sommaire de leurs opérations, de leurs recettes et de leurs dépenses ;

Des priviléges acquittés et de ceux qui restent à payer ;

Des revendications admises et de celles qui ont été rejetées;

Des procès en instance ;

Ils présenteront l'état du passif admis ou contesté ;

Et celui de l'actif recouvré ou à recouvrer.

Dans le cas où la faillite comprendrait plusieurs associés solidaires, les Syndics feront connaître quelle est, pour la masse des Créanciers de la Société, l'importance des recouvremens à faire sur le patrimoine particulier de chacun des associés Faillis.

Et généralement ils rendront compte de toutes les circonstances qui leur paraîtront intéresser la masse des Créanciers.

154.

Dans la seconde partie de leur rapport, les Syndics rendront compte des caractères de la faillite.

Ils déclareront si le Bilan rédigé par le Failli était exact, ou s'il contenait des inexactitudes, et de quelle nature ;

Si les énonciations de ce Bilan, quant aux profits et pertes, sont justifiées par les livres et écritures du Failli, et leur paraissent conformes à la vérité.

Ils déclareront successivement et séparément si le Failli est ou n'est pas dans les divers cas de faute ou de fraude spécifiés dans les articles 231, 232, 233 et 236 ci-après.

Les déclarations que les Syndics feront, en conformité du présent article, seront mentionnées dans le procès verbal de l'Assemblée.

CHAPITRE 4.

Délibération de l'Assemblée.

155.

Chàque Créancier pourra fournir ses observations à la suite du Rapport des Syndics, et faire valoir à l'appui de ses observations l'état et le contenu des livres et du Bilan.

Le Failli, ou son mandataire, présentera les explications qu'il jugera convenables.

Le Juge-Commissaire dirigera la discussion, et la fermera lorsqu'il la croira suffisante.

> Le débat autorisé par l'article ci-dessus, débat dont le Juge-Commissaire tempérera toujours l'ardeur, doit être permis aux Créanciers. C'est un droit dont ils doivent jouir, et qu'on ne pourrait leur enlever sans injustice. Il tiendra, d'ailleurs, les Syndics en garde contre les complaisances coupables qu'ils voudraient avoir pour le Failli. L'éclaircissement de la vérité ne peut que gagner à la discussion sommaire qui s'établira dans l'assemblée des Créanciers, après le Rapport des Syndics.

156.

L'Assemblée émettra son avis sur chacun des cas de faute et de fraude spécifiés dans les articles 231, 232, 233 et 236, ci-après, et il en sera fait mention dans le procès verbal.

157.

Cet avis sera formé à la majorité, en sommes, des Créanciers présens, quel que soit leur nombre.

Chacun desdits Créanciers pourra faire mentionner son opinion particulière dans le procès verbal.

158.

Si cette majorité, comptée ainsi qu'il est dit dans l'article précédent, déclare que le Failli est dans un ou plusieurs des cas de fraude spécifiés par l'article 236, il n'y aura pas lieu à concorder avec le Failli qui demeurera, par ce seul fait, et sans qu'il soit besoin d'aucune autre délibération, dessaisi de tous ses biens meubles et immeubles, lesquels seront vendus et liquidés à la diligence des Syndics, conformément au Titre 10 ci-après.

159.

Si, au contraire, la majorité reconnaît que le Failli n'est dans aucun desdits cas de fraude, il sera admis à concorder, lors même qu'il serait déclaré être dans un ou plusieurs des cas de faute spécifiés dans les art. 231, 232 et 233.

160.

Le Failli, s'il est présent ou représenté par un mandataire, devra déclarer incontinent s'il désire de concorder; et, dans ce cas, il fera connaître ses propositions qu'il signera.

161.

Si le Failli n'a pas comparu à l'Assemblée, ou ne s'y est pas fait représenter par un mandataire,

Ou si, étant présent ou représenté à ladite Assemblée, il ne fait pas des propositions de concordat,

Il y aura lieu, de plein droit, au dessaisissement du Failli, ainsi qu'il est dit dans l'article 158.

18

162.

Si le Failli est mort depuis la déclaration de sa faillite, ses héritiers, s'ils n'ont pas renoncé à sa succession, seront admis à concorder avec les Créanciers ;

Mais si les héritiers ont renoncé, il y aura pareillement lieu, dès l'instant de cette renonciation, au dessaisissement des biens du Failli, au profit de la masse des Créanciers.

> Lorsque le Failli décède, et lorsque ses héritiers renoncent à sa succession (ce qui arrive presque toujours), il n'y a plus de Concordat possible. Il faut donc que, sans autre délai, la masse s'empare des biens et les réalise à son profit.

163.

Dans tous les cas, il sera dressé procès verbal pour constater l'observation des diverses formalités mentionnées dans le présent titre, et le résultat de la délibération de l'Assemblée.

Ce procès verbal sera signé, séance tenante, par le Juge-Commissaire, les Syndics, ceux des Créanciers qui le désireront, et le Greffier.

TITRE 8.
Du Concordat.

164.

Si le Failli, admis à concorder par la délibération mentionnée dans l'article 159, a fait des propositions à l'Assemblée des Créanciers, elle pourra les prendre sur-le-champ en considération, ou en renvoyer l'examen à une autre réunion, qui sera indiquée, à cet effet, par le Juge-Commissaire, et pour laquelle les Syndics se conformeront à ce qui est prescrit par l'article 145.

Dans tous les cas, la délibération des Créanciers sur les offres du Failli, sera prise à la suite et en continuation du procès verbal qui aura été clôturé en conformité de l'article précédent.

165.

Le Concordat ne s'établira que par le consentement de la majorité des Créanciers chirographaires en nombre, représentant, en outre, par leurs titres de créances affirmées, les trois quarts des sommes chirographaires comprises dans le procès verbal d'affirmation ; et ce, à peine de nullité.

166.

Le Concordat, s'il est consenti par la majorité des Créanciers présens, sera signé, séance tenante, par le Failli ou son mandataire, et par les Créanciers consentans.

Si les Créanciers consentans forment la majorité en nombre, et les trois quarts en sommes des Créanciers chirographaires qui ont affirmé, le Juge Commissaire, après en avoir fait la vérification, en donnera acte, et déclarera le Concordat conclu.

167.

Si les Créanciers consentans ne forment pas les trois quarts en sommes, et la majorité en nombre des Créanciers qui ont affirmé, le procès verbal de la délibération signé par les Créanciers consentans, les Syndics, le juge-Commissaire et le Greffier, restera ouvert au Greffe, en continuation pendant les huit jours suivans, durant lesquels les autres Créanciers, qui voudront adhérer au Concordat, seront admis à le signer dans les mains du Greffier.

L'article 522 du Code veut, dans ce cas, le renvoi de l'Assemblée, à huitaine.

L'expérience a prouvé qu'il était assez difficile de réunir une seconde fois l'Assemblée générale des Créanciers.

Les Juges-Commissaires sont fréquemment obligés de tolérer que les Concordats soient colportés dans le domicile des Créanciers, pour recueillir de nouvelles signatures.

La Chambre croit que lorsque les signatures que le Concordat réunira dans l'Assemblée ne seront pas suffisantes, il conviendra de le laisser ouvert au Greffe pendant huit jours, pour que, pendant ce temps, d'autres adhérens puissent le consentir.

168.

A l'expiration des huit jours ci-dessus, et sans autre délai, le Juge-Commissaire et les Syndics clôtureront le procès verbal, et en constateront le résultat.

Si le nombre des Créanciers chirographaires qui ont consenti le Concordat, soit dans l'Assemblée, soit au Greffe pendant les huit jours suivans, forment la majorité en nombre, et les trois quarts en sommes de ceux qui ont affirmé, le Juge-Commissaire déclarera le Concordat conclu.

Dans le cas contraire, il déclarera qu'il n'y a pas de Concordat, et que le Failli demeure dessaisi de ses biens au profit de la masse, conformément à l'article 158.

Le procès verbal, ainsi clôturé, sera signé par les Syndics, le Juge-Commissaire et le Greffier.

TITRE 9.

Homologation du Concordat, Opposition à cette Homologation, Effets de l'Opposition lorsqu'elle est accueillie, et de l'Homologation lorsqu'elle est accordée.

OBSERVATIONS.

Quoique la réunion de la majorité en nombre, et des trois quarts en sommes, doive, en règle générale, imposer la loi aux Créanciers non consentans, néanmoins il est juste d'entendre les motifs d'opposition que ceux-ci seraient fondés à proposer.

L'article 526 du Code actuel, qui permet de refuser l'homologation du Concordat, pour cause d'inconduite et de fraude, ouvre, par la vague généralité de ses expressions, une porte trop large aux oppositions.

On a vu des Créanciers s'opposer indistinctement à tous les concordats, dans l'unique but de faire composer le Failli, par la crainte.

Ils ont, pour toutes les faillites, une formule banale d'opposition, qui contient, sous une nomenclature uniforme, tout ce qui, d'après eux, peut constituer l'inconduite et la fraude.

Sans doute, l'opposition à l'homologation doit continuer d'être admise comme le seul moyen légal qui reste au Créancier réfractaire, de faire valoir les justes griefs qu'il aurait à proposer contre la conclusion du Concordat.

Toutefois, ce moyen ne doit pas dégénérer en abus.

Il ne doit être permis à aucun Créancier de spéculer sur la crainte qu'il inspirerait au Failli, ni d'arrêter l'effet d'un concordat régulièrement intervenu.

La Chambre a pensé qu'il convenait de limiter les motifs d'opposition qui pourront être proposés.

Si un Créancier connaît des faits de fraude à la charge du Failli, son devoir est de les manifester à l'Assemblée, afin que la masse en soit instruite et puisse délibérer en connaissance de cause.

Et si, malgré l'opinion qu'il aura émise à cet égard, l'Assemblée admet le Concordat, il doit avoir le droit d'appeler de cette décision devant le Tribunal.

19

Mais il ne doit pas lui être permis de réserver dans son intérêt particulier, une accusation de fraude sur laquelle il aurait gardé le silence dans l'Assemblée des Créanciers. C'est dans ce sens que le projet de ce titre a été rédigé.

La Chambre est d'avis que le délai pour déclarer l'opposition, et pour appeler des jugemens qui l'admettront, ou la rejetteront, ne doit pas excéder huit jours. Il s'agit d'un objet urgent qui ne peut pas comporter le retard des délais ordinaires.

Elle pense aussi que, même en cas de réformation, les Cours Royales doivent renvoyer l'exécution de leurs arrêts aux Tribunaux de Commerce, parce que la matière des faillites est sous la juridiction spéciale de ces tribunaux.

L'article 472 du Code de Procédure Civile ordonne ce renvoi pour les affaires de même nature.

169.

Pourront seuls former opposition au Concordat, les Créanciers chirographaires qui auront fait vérifier leur créance et l'auront affirmée avant l'Assemblée des Créanciers mentionnée dans l'article 148.

170.

Ceux desdits Créanciers qui, n'ayant pas adhéré au Concordat, voudront s'y rendre opposans, seront tenus de faire notifier leur opposition aux Syndics et au Failli, dans la huitaine du procès verbal qui aura déclaré le Concordat conclu.

Après ce délai, l'opposition ne sera plus recevable.

(*Art. 523 du Code de Commerce.*)

171.

L'acte d'opposition devra, à peine de nullité, contenir les moyens sur lesquels elle sera fondée.

172.

Il ne pourra être employé d'autres moyens d'opposition que les suivans :

1° Si le Concordat n'a pas été signé par la majorité des Créanciers chirographaires en nombre, faisant les trois quarts en sommes.

2° S'il se trouve, au nombre des signataires du Concordat, des Créanciers qui, d'après l'art. 151, n'avaient pas le droit d'y concourir.

Néanmoins, cette circonstance ne sera pas un obstacle à l'homologation, si, déduction faite de la signature de ces créanciers, le Concordat reste encore consenti par la majorité en nombre, et les trois quarts en sommes.

3° Si le Failli se trouve dans un des cas de fraude prévus par l'art. 236.

Néanmoins, la fraude du Failli ne pourra être proposée comme moyen d'opposition que par ceux des Créanciers qui auront excipé de cette fraude contre le Failli, dans la délibération mentionnée dans les articles 155, 156 et 157, et qui auront fait constater leur opinion dans le procès verbal de ladite délibération.

4° Si les formalités prescrites dans les chapitres 2, 3 et 4 du titre VII n'ont pas été observées.

173.

Après la huitaine accordée pour la signification des oppositions, les Syndics présenteront le Concordat à l'homologation du Tribunal, si aucune opposition n'a été formée.

Dans ce cas, le Tribunal, sur le rapport du Juge-Commissaire, homologuera le Concordat, pour être obligatoire envers tous les Créanciers du Failli.

174.

Si des oppositions ont été notifiées dans ledit délai, les Syndics ajourneront les Créanciers opposans et le Failli, au premier jour d'audience, pour être statué par un seul et même jugement sur lesdites oppositions.

175.

Si le Tribunal annule les oppositions par vice de forme, ou s'il les rejette comme mal fondées, il prononcera par le même Jugement, et sur le rapport du Juge-Commissaire, l'homologation du Concordat.

176.

Si, au contraire, le Tribunal fait droit à l'opposition, son Jugement prononcera l'annulation du Concordat.

Dans le cas où ce Jugement serait motivé pour cause de fraude, il déclarera le Failli déchu du bénéfice du Concordat. En conséquence, le même Jugement ordonnera que les Créanciers procéderont ainsi qu'il est dit au titre du *Dessaisissement du Failli*.

Dans le cas où le Concordat ne serait annulé que pour vice de forme, le Tribunal ordonnera l'Assemblée des Créanciers, pour procéder, dans le plus bref délai, à une nouvelle délibération.

177.

L'appel des Jugemens rendus par les Tribunaux de Commerce, soit qu'ils aient accueilli, soit qu'ils aient rejeté les oppositions, ne sera plus recevable huitaine après leur prononciation.

Si la Cour d'Appel annule le Concordat pour motif de fraude, l'Arrêt ordonnera le dessaisissement du Failli.

Si elle l'annule, seulement pour vice de forme, l'Arrêt ordonnera une nouvelle réunion de Créanciers.

Si elle confirme ou prononce l'homologation, il sera procédé conformément aux articles ci-après.

Dans tous les cas, l'exécution de l'Arrêt sera renvoyée au Tribunal de Commerce.

178.

Huitaine après le Jugement qui aura prononcé l'homologation du Concordat, s'il n'y a pas d'appel, ou immédiatement après la signification de l'Arrêt qui aura statué sur l'appel, si le Concordat est définitivement homologué, les Syndics rendront compte de leur gestion au Failli, en présence du Juge-Commissaire, en la forme mercantile et sans frais.

Ce compte sera détaillé et arrêté.

En cas de contestation, le Tribunal de Commerce statuera.

(*Art.* 525 *du Code de Commerce.*)

179.

Le Failli rentrera en possession de ses biens, et les Syndics lui remettront, sous décharge, les marchandises, effets, meubles, titres, papiers et livres dont ils étaient chargés par le procès verbal d'inventaire : au moyen de quoi le Failli reprendra l'exercice de ses actions, et les fonctions des Syndics cesseront ; le tout à moins de conventions contraires dans le Concordat dont les conditions devront être exécutées.

(*Art.* 525 *du Code de Commerce.*)

180.

Dans le cas où la faillite comprendrait divers associés solidaires, ils seront, au moyen du dividende stipulé dans le Concordat, libérés, même sur leurs biens personnels ; à moins que ledit Concordat ne contienne une réserve contraire de la part des Créanciers.

181.

Le Concordat homologué sera obligatoire pour tous les Créanciers chirographaires du Failli, lors même qu'ils n'auraient pas été portés au bilan.

> Les questions décidées par cet article et par le précédent, se présentent fréquemment dans les faillites, et sont diversement jugées par les Tribunaux.
>
> Pour faire cesser toute divergence d'opinions à cet égard, la Chambre demande un texte positif de loi. Les questions dont il s'agit ici sont trop importantes pour rester plus long-temps livrées à une controverse qui amène des décisions entièrement opposées.

182.

Les Créanciers qui auront signé le Concordat, et dont les titres seraient solidaires entre le Failli et d'autres coobligés, conservent, nonobstant cette signature, leurs droits pour le complément de leurs créances contre les autres obligés; et, si ceux-ci sont en faillite, lesdits Créanciers concourront dans toutes les masses pour le plein de leur créance, sans pouvoir, cependant, dans aucun cas, recevoir une somme excédant leur capital, les intérêts et les frais.

Dans le cas où les divers dividendes réunis dépasseraient cette somme, la masse du dernier obligé recevrait cet excédant par forme de garantie.

183.

Si le Concordat n'a rien statué sur la main-levée, ou la réduction de l'inscription hypothécaire prise par l'Agent de la faillite, conformément à l'art. 19, le Greffier du Tribunal sera tenu, sous sa responsabilité personnelle, de faire procéder, dans les vingt-quatre heures de la clôture du compte-rendu par les Syndics, à l'inscription du Jugement d'homologation, en l'accompagnant d'un état, par lui certifié, des Créanciers qui ont affirmé leurs créances.

Le Conservateur fera mention de ce Jugement et de l'état nominal des Créanciers, sur ses registres, afin que l'inscription prise à l'ouverture de la faillite profite nominativement auxdits Créanciers.

Il ne sera perçu par le Conservateur aucun autre droit que le salaire qui lui est accordé par les réglemens.

TITRE 10.

Dessaisissement du Failli, et Liquidation de ses biens au profit de la masse des Créanciers, à défaut de Concordat.

OBSERVATIONS GÉNÉRALES.

Lorsqu'il n'est pas intervenu de concordat entre le Failli et ses Créanciers, ceux-ci sont forcés de s'emparer de ses biens et de les réaliser eux-mêmes pour s'en répartir le produit.

Mais quels sont, dans ce cas, les droits de la masse, et quel sera, pour elle, le meilleur moyen de les exercer?

Telles sont les questions sur lesquelles la Chambre a dû porter son attention.

§ 1er.

DROITS DES CRÉANCIERS.

C'est par le Concordat seul que le Failli peut obtenir la remise de sa dette.

A défaut de Concordat, le débiteur reste obligé pour la totalité de ses engagemens. Les Créanciers conservent leurs droits non-seulement sur ses biens présens, mais encore sur ses biens à venir. (Article 2092 du Code Civil.)

Cela est si vrai, que le débiteur au profit duquel une succession vient à s'ouvrir, ne peut pas y renoncer au préjudice de ses Créanciers. (Article 788 du Code Civil.)

Il est donc évident qu'à défaut de concordat, les Créanciers sont autorisés à exercer leurs droits sur les biens présens et à venir de leur débiteur, et que ceux de ces Créanciers qui sont porteurs de titres auxquels la loi attribue la contrainte par corps, peuvent le faire emprisonner.

§ 2.

MODE D'EXERCICE DES DROITS DES CRÉANCIERS.

Le Code actuel veut que, s'il n'intervient pas de concordat, les Créanciers forment un Contrat d'Union.

Les difficultés que la formation de ce contrat présente très-souvent, la nécessité d'en poursuivre l'homologation, lorsque la volonté des Créanciers n'est pas unanime, les contestations auxquelles leurs dissentimens donnent lieu, et les procès nombreux qui en sont la suite ordinaire, ont fait de ce contrat un objet d'effroi pour les Créanciers qui redoutent, surtout, la solidarité que les Tribunaux ont prononcée maintes fois contre les signataires de l'Union.

Sans rechercher dans les annales de la jurisprudence la preuve des inconvéniens de ce contrat, la Chambre se borne à faire observer, qu'il a été peu usité depuis la promulgation du Code, et que les Créanciers n'ont guère formé d'union que lorsqu'ils y ont été forcés par les dispositions de la loi; c'est-à-dire, lorsque la fuite, le décès ou la condamnation du Failli rendaient le concordat impossible.

Il convient d'assurer aux Créanciers un moyen plus simple et plus facile d'exercer leurs droits.

Le dessaisissement du débiteur est l'effet légal de la faillite.

Ce dessaisissement se borne d'abord à l'administration, afin de laisser au Failli les moyens de proposer un concordat.

Mais il doit s'étendre à la disposition même des biens, si le concordat n'a pas lieu.

C'est ce que la Chambre a fait observer sur l'article 54 du présent Projet.

Il faut donc considérer le Failli comme dessaisi, et la masse comme investie des biens, toutes les fois qu'il n'intervient pas de concordat.

Et cela ne doit pas être seulement pour le cas où, le Failli prenant la fuite ou étant condamné comme banqueroutier frauduleux, le concordat devient impossible.

Il doit en être de même lorsque le Failli ayant fait des propositions, les Créanciers ont jugé convenable de les refuser.

En effet, si les offres du Failli ne sont pas proportionnées aux ressources effectives de sa faillite et aux expectatives de fortune qu'il peut avoir, il est naturel que les Créanciers refusent ses offres et préfèrent de réaliser, pour leur compte, ses biens présens et à venir.

Il importe que l'exercice de ce droit soit rendu facile aux Créanciers, pour qu'ils puissent en user lorsqu'ils le jugeront convenable à leurs intérêts.

Sous le Code actuel la crainte du Contrat d'Union porte les Créanciers à signer le concordat, quelles qu'en soient les conditions.

Il faut, au contraire, que les Faillis redoutent les effets du dessaisissement, et que cette crainte les excite à faire des propositions de concordat plus avantageuses à la masse.

Le Code actuel admet ce dessaisissement au profit de l'union des Créanciers, puisqu'il autorise les Syndics définitifs à vendre les biens meubles et immeubles de la faillite, sans la présence et sans le concours du Failli.

Toutefois, par une disposition qui paraît contradictoire, il admet le Failli à faire la cession judiciaire de ces mêmes biens.

Si le Failli est déjà dessaisi, il n'a plus rien à céder, plus rien à abandonner.

Et si la masse est investie, par la loi, des biens présens et à venir du Failli, elle n'a pas besoin qu'il lui en fasse la cession.

En partant de ce principe, le titre de la cession judiciaire de biens, qui a été inséré dans le Code de Commerce, est complètement inutile.

Le Failli ne doit même pas être soumis à remplir le simulacre des formalités de cette cession, pour obtenir la liberté de sa personne, si, d'ailleurs, il est digne de cette faveur.

En effet, le dessaisissement produisant le même effet que la cession judiciaire, il devra suffire au Failli qui demande l'affranchissement de la contrainte par corps, de prouver qu'il est débiteur malheureux, et qu'il est innocent de fraude.

La Chambre a pensé qu'il fallait entendre ainsi le dessaisissement légal du Failli au profit de la masse, toutes les fois qu'il n'interviendra pas de concordat; et c'est dans ce sens qu'elle a rédigé le présent titre et le XII.

Quant à la manière de liquider l'actif de la masse, la Chambre a cru que le meilleur mode était celui de la direction marchande, telle qu'elle était usitée dans plusieurs Places de Commerce.

Les Syndics nommés dès l'origine de la faillite, doivent être chargés de cette direction.

En leur confiant le soin de gérer la faillite jusqu'à la fin, on évite la distinction, à peu près nominale, de Syndics provisoires et de Syndics définitifs; on évite, surtout, les embarras d'une double élection, et les difficultés, trop ordinaires, de la formation d'un contrat d'union et de ses suites.

Il existe encore un autre motif de ne pas scinder la gestion des Syndics. Ceux qui ont administré la faillite depuis son ouverture, sont instruits de tout ce qui la concerne, tandis que des Syndics nouveaux n'auraient pas cet avantage.

Au surplus, la Chambre a reconnu que le Code actuel avait sagement déterminé tout ce qui concernait la vente des biens meubles et immeubles du Failli, et la répartition de leur produit entre les Créanciers. Elle propose le maintien des dispositions du Code, à cet égard, sauf quelques modifications.

La Chambre croit que son Projet présente des avantages incontestables.

Il établit plus d'uniformité et plus de simplicité dans le régime des faillites.

Le Failli concorde-t-il ? ses biens lui sont rendus, et les Syndics cessent leur administration.

Ne concorde-t-il pas ? les Syndics réalisent ses biens pour en répartir le produit aux Créanciers.

Dans l'un comme dans l'autre cas, il n'y a qu'une seule administration syndicale qui cesse ou qui continue ses fonctions suivant que la masse concorde ou ne concorde pas avec le Failli.

Avec ce régime, le contrat d'union que les Créanciers ne forment, en général, qu'avec la plus grande répugnance, devient inutile.

A quoi bon, d'ailleurs, ce contrat ?

Le regarderait-on comme indispensable pour donner à la masse la saisine du patrimoine du Failli ?

Mais cette saisine doit résulter des dispositions de la loi, et non de la volonté des Créanciers.

Dirait-on que le contrat d'union peut borner le dessaisissement aux biens présens du Failli, laisser à ce débiteur la disposition de ses biens à venir, ou l'affranchir de la contrainte par corps ?

Mais de deux choses l'une :

Ou le contrat d'union est signé par tous les Créanciers, et, dans ce cas, s'il est consenti par le Failli lui-même, il forme un contrat de cession volontaire de biens, tel qu'il est défini par l'article 1267 du Code Civil ;

Ou ce contrat n'est signé que par une partie des Créanciers, et, dans ce cas, celles de ses dispositions qui contiendraient une remise quelconque de droits en faveur du Failli, ne pourraient pas être homologuées au préjudice des refusans.

En effet, c'est par le concordat seul que la minorité peut être soumise à subir les conditions consenties par la majorité.

Si le concordat n'est pas délibéré, chaque Créancier reste libre dans l'exercice de tous ses droits.

Le contrat d'union qui concéderait au Failli la disposition de ses biens à venir ou la liberté de sa personne, ne serait donc obligatoire que pour les signataires, et n'aurait aucune autorité contre les refusans.

Enfin, prétendrait-on que le contrat d'union est nécessaire pour régler le mode d'administration des Syndics ?

Il est, sans doute, indispensable que cette administration soit réglée, et, sous ce rapport, un contrat d'union consenti par la majorité pourrait recevoir l'homologation, nonobstant l'opposition de la minorité.

21

Mais la Loi elle-même déterminera les règles de l'Administration Syndicale avec bien plus de sagesse et bien plus de prudence, que ne pourrait le faire une Assemblée de Créanciers, divisée souvent d'opinions, et quelquefois agitée par des passions contraires.

Ainsi, le contrat d'union paraît inutile dans tous les cas. Son retranchement du Code sera une amélioration importante.

En proposant ce retranchement, la Chambre est loin de s'opposer aux effets de la Cession volontaire de biens autorisée par les articles 1266 et 1267 du Code Civil.

Il est certain que les Créanciers sont toujours les maîtres de faire au débiteur une remise totale ou partielle de leurs droits.

Mais cette remise ne décharge le débiteur qu'envers ceux qui la consentent; et pour que la Cession volontaire opère la libération du Failli envers tous ses Créanciers, il faut qu'elle soit acceptée par tous.

Le Contrat de Cession volontaire de biens est une exception au régime ordinaire de la Faillite. Il convient d'en réserver le bénéfice au Failli, quelques rares qu'en soient les exemples. La Chambre en a fait l'objet du titre XI ci-après.

CHAPITRE 1ᴱᴿ.

Formes et Effets du Dessaisissement.

184.

Dans les cas prévus par les articles 158, 161, 162 (2ᵉ *alinéa*), 168 (3ᵉ *alinéa*), 176 (2ᵉ *alinéa*) et 177 (2ᵉ *alinéa*), les Syndics se pourvoiront incontinent devant le Tribunal de Commerce, qui, sur leur requête et après avoir entendu le Juge-Commissaire, rendra jugement portant que le Failli est dessaisi de ses biens, et qu'ils seront vendus et liquidés au profit de la masse des Créanciers, à la diligence des Syndics.

Le même jugement prononcera la révocation du sauf-conduit, s'il en a été accordé au Failli.

185.

Les effets de ce dessaisissement seront, quant au Failli, les mêmes que ceux d'une cession judiciaire de biens.

En conséquence, la masse des Créanciers est aux droits du Failli pour tous les biens présens de ce débiteur, ainsi que pour tous ceux qu'il acquerrait par la suite, et demeure autorisée à les vendre et à les réaliser jusqu'à concurrence des sommes dues par le Failli, en principal, intérêts et frais.

Ce dessaisissement ne donnera lieu à aucun droit de mutation.

(*Art.* 2092 *du Code Civil.*)

186.

Les Syndics représenteront activement et passivement le Failli relativement auxdits biens, et ils exerceront les droits et actions de la masse des Créanciers.

S'il obvient quelque succession au Failli, elle sera acceptée par les Syndics.

L'acceptation ne pourra avoir lieu que sous bénéfice d'inventaire.

(*Art.* 788 *du Code Civil.*)

187.

Aucun des Créanciers ne pourra faire des poursuites particulières sur les biens ainsi régis par la masse.

Néanmoins, les Créanciers hypothécaires qui auraient précédemment commencé la procédure d'expropriation forcée, pourront la continuer.

Voyez les observations sur l'art. 64.

188·

Les Syndics poursuivront la vente des immeubles qui ne seront pas sous une expropriation commencée, celle des meubles et marchandises, le recouvrement des créances actives, et généralement la réalisation et la liquidation de l'actif, pour en être fait répartition, ainsi qu'il sera dit ci-après.

(*Art.* 528 *du Code de Commerce*, 2ᵉ *alinéa.*)

189.

Il sera remis au Failli et à sa famille les vêtemens, hardes et meubles nécessaires à l'usage de leurs personnes.

Cette remise aura lieu sur la proposition des Syndics qui en dresseront un état, et sous la surveillance du Juge-Commissaire.

(*Art.* 529 *du Code de Commerce.*)

190.

Si les Créanciers n'ont trouvé le Failli dans aucun des cas de fraude prévus par l'article 236, ou si, après avoir été mis en jugement pour fait de fraude, le

Failli est acquitté de l'accusation, il pourra demander, à titre de secours, une somme sur ses biens. Les Syndics en proposeront la quotité, et le Tribunal la fixera, sur le rapport du Juge-Commissaire, en proportion des besoins de la famille du Failli, de sa bonne foi et du plus ou moins de perte qu'il fait éprouver à ses Créanciers.

(*Art.* 530 *du Code de Commerce.*)

Le dessaisissement du Failli opérant le même effet que la cession judiciaire des biens, il est juste d'accorder à ce débiteur les secours qu'on ne refuse pas au cessionnaire de bonne foi.

Les Lois Romaines (4ᵉ *ff. De Cessione Bonorum*, *et* 6ᵉ au même titre du Code) voulaient qu'on lui laissât le strict nécessaire.

La Chambre pense que, si le Failli acquérait, dans la suite, des biens dont la masse s'emparât, il devrait, suivant les circonstances, obtenir encore quelque secours sur ces biens, en ayant égard à leur importance et à ses besoins.

Mais elle croit qu'il n'est pas nécessaire d'un texte de loi à cet égard, et qu'il suffit des règles du droit commun, tel qu'il existe d'après les lois Romaines et la jurisprudence.

CHAPITRE 2.

Vente des Biens Immeubles.

191.

Les immeubles seront vendus aux enchères publiques, à la diligence des Syndics, suivant les formes prescrites par les articles 987 et 988 du Code de Procédure, pour la vente des immeubles dépendans d'une succession bénéficiaire.

(*Art.* 564 *du Code de Commerce.*)

La vente des biens du Failli semble se rapprocher beaucoup plus de celle des biens dépendans d'un bénéfice d'inventaire, que de celle des biens appartenans à des mineurs.

192.

Pendant la huitaine qui suivra l'adjudication, tout Créancier de la faillite aura droit de surenchérir. La surenchère ne pourra être au-dessous du dixième du prix de l'adjudication.

Le Créancier surenchérisseur ne sera soumis à fournir aucune caution; il suffira de sa déclaration au bas du procès verbal d'adjudication, sans autre formalité.

Cette surenchère est indépendante de celle du quart, autorisée par l'art. 710 du Code de Procédure civile.

Tout fol-enchérisseur sera contraignable par corps.

(*Art.* 585 *du Code de Commerce.*)

La Chambre a pensé qu'il convenait de simplifier la procédure de la surenchère, et de la dégager des formalités qui l'entravent.

Il est de l'intérêt des Créanciers que la surenchère du quart puisse concourir avec celle du dixième.

L'obligation de fournir une caution préalable pourrait faire manquer plus d'une surenchère. Les intérêts de la masse paraissent suffisamment assurés par la contrainte par corps contre le fol-enchérisseur.

193.

Les Syndics délègueront sur le prix les sommes nécessaires au payement des créances hypothécaires grevant les immeubles vendus, et qui auront été vérifiées et affirmées; le restant libre dudit prix sera au profit de la masse chirographaire.

Dans le cas où le prix des immeubles ne suffirait pas à l'acquittement des dettes hypothécaires, il sera procédé, en cas de contestation sur le rang des Créanciers, à un procès verbal de distribution, suivant les règles déterminées par le Code de Procédure civile.

CHAPITRE 3.

Vente des Marchandises et Meubles.

194.

Les Syndics opéreront la vente des meubles par le ministère des Commissaires-Priseurs.

Les marchandises seront vendues soit par la voie des enchères publiques à la Bourse, soit à l'amiable et tractativement, au choix des Syndics.

(*Art.* 492 *du Code de Commerce.*)

22

CHAPITRE 4.

Recouvrement des Créances, Vente de Droits et Actions.

195.

Les Syndics feront les poursuites nécessaires pour opérer le recouvrement des créances actives.

Celles de ces créances qui seraient à long terme, ou dont le recouvrement devrait éprouver trop de retard, pourront être aliénées à forfait.

Il en sera de même pour les actions et droits que le Failli aurait dans des Sociétés de Commerce ou d'Industrie, ou dans des Compagnies de finances.

Les aliénations ci-dessus ne pourront avoir lieu qu'avec l'autorisation du Tribunal qui statuera sur le rapport du Juge-Commissaire, le Failli dûment appelé pour faire ses observations, si bon lui semble.

Le Jugement du Tribunal déterminera si les Syndics seront autorisés à faire ces aliénations tractativement, ou à l'enchère devant un notaire qu'il désignera.

Dans ce dernier cas, il n'y aura qu'une seule enchère annoncée par un avis que les Syndics feront imprimer et afficher, et qu'ils feront, en outre, insérer dans le Journal d'Annonces judiciaires, conformément à l'art. 683 du Code de Procédure civile, au moins huit jours à l'avance.

Le Failli peut être créancier de rentes constituées.

Il peut avoir des actions dans une Société de Commerce à long terme, un intérêt dans une exploitation de mines, ou dans l'entreprise d'un canal ou d'un pont.

Une masse de Créanciers ne peut attendre ni l'époque indéterminée où le capital de la rente constituée deviendra exigible, ni le terme éloigné de la liquidation des intérêts appartenans au Failli dans diverses Associations ou Compagnies de finances.

La vente forcée de ces sortes de biens doit avoir lieu aux enchères publiques, à la suite d'une saisie judiciaire. Le Code de Procédure contient les règles de ce mode de vente.

La gestion des Syndics devant être affranchie des formalités trop coûteuses de la Procédure ordinaire, il est indispensable de leur donner le pouvoir d'aliéner les créances de cette nature, soit tractativement, soit à l'enchère, suivant les circonstances qui seront appréciées par le Tribunal.

L'article ci-dessus reproduit, sous une rédaction plus étendue, l'article 563 du Code actuel.

CHAPITRE 5.

Répartition des Recouvremens entre les Créanciers.

196.

Le Jugement qui sera rendu en conformité de l'art. 184, pour prononcer le dessaisissement du Failli, ordonnera, en même temps, que ceux des Créanciers qui n'ont pas encore fait légitimer leurs titres, seront tenus de faire vérifier et affirmer leur créance dans les délais suivans, à peine de déchéance ;

Savoir:

Ceux domiciliés en France, dans le délai de huitaine, augmenté d'un jour pour trois myriamètres de distance ;

Et ceux domiciliés hors de France, dans les délais déterminés par l'art. 73 du Code de Procédure civile.

(Art. 511 du Code de Commerce.)

La Chambre a pensé qu'il convenait de mettre nominativement en demeure les Créanciers qui ne s'étaient pas encore présentés.

C'est un dernier avis qu'on leur doit, avant de les exclure des répartitions à faire.

197.

Ce Jugement sera inséré dans le Journal d'Annonces judiciaires, à la diligence des Syndics, conformément à l'art. 683 du Code de Procédure civile.

Le délai fixé dans l'article ci-devant courra à partir du jour de cette insertion.

(Art. 512 du Code de Commerce.)

198.

Les Syndics adresseront, par la poste, aux Créanciers en retard, un avis pour leur donner connaissance de ce Jugement.

199.

Les formalités prescrites par le titre **VI** seront observées pour la vérification et l'affirmation des créances qui seront produites dans le délai accordé par l'art. 196.

Le Juge-Commissaire recevra, à toute réquisition, les affirmations des Créanciers ainsi admis au passif.

L'affirmation sera reçue à la suite du procès verbal ordonné par l'art. 140.

200.

Il y aura une répartition toutes les fois que les recouvremens opérés présenteront un dividende de cinq pour cent disponible au profit des Créanciers chirographaires.

Il pourra même, suivant les circonstances, être fait une répartition moins considérable, si le Juge-Commissaire le trouve convenable; à l'effet de quoi, les Syndics seront tenus de lui remettre, tous les mois, un état des recouvremens opérés et des fonds libres.

(*Art.* 559 *du Code de Commerce.*)

201.

Les Syndics veilleront au plus prompt acquittement des priviléges, s'il en reste à payer; et ils demeurent autorisés à prélever, avant toute répartition, et avec l'agrément du Juge-Commissaire, la somme nécessaire pour cet acquittement et pour les frais et dépenses de gestion.

(*Art.* 558 *du Code de Commerce.*)

202.

Ils feront, s'il y a lieu, une nouvelle vérification du bilan, pour y opérer les redressemens qui seraient devenus nécessaires, et pour l'arrêter définitivement.

(*Art.* 528 *du Code de Commerce.*)

203.

Lorsqu'il y aura lieu de faire des répartitions, aux termes de l'art. 200, les Syndics dresseront un état des créances, tant hypothécaires que chirographaires, qui auront été affirmées jusqu'alors.

Ils y porteront, *pour mémoire* seulement, les Créanciers qui, étant inscrits au Bilan, n'ont pas encore fait légitimer leurs titres, mais sont encore dans le délai fixé par l'art. 196.

204.

La répartition des fonds disponibles sera faite sur l'état des créances, formé ainsi qu'il est dit dans l'article précédent.

Les Créanciers hypothécaires concourront aux répartitions avec les Créanciers chirographaires.

On observera, au surplus, à cet égard, ce qui est ordonné par les art. 87, 88, 89, 90, 91 et 92.

205.

Le dividende revenant aux Créanciers inscrits pour *mémoire* seulement, en conformité de l'art. 203, restera en réserve, pour leur compte, jusqu'à l'expiration du délai fixé pour leur déchéance.

Celui revenant aux Créanciers dont les créances auront été vérifiées et affirmées, leur sera compté immédiatement.

206.

Les Créanciers qui n'auront pas fait légitimer leurs titres dans le délai fixé par l'art. 196, seront déchus et ne seront portés dans aucun état subséquent de répartition.

Le dividende mis en réserve, conformément à l'art. 205, pour ceux desdits Créanciers qui étaient encore dans le délai fixé par ledit article 196, sera même compris dans les répartitions subséquentes, si, dans l'intervalle, ils ont laissé passer ledit délai sans faire vérifier et affirmer leurs titres de créance.

207.

Les sommes que les Créanciers recevront par lesdites répartitions, leur demeureront définitivement acquises, et ne seront soumises à aucun rapport.

Les Créanciers qui feraient vérifier et légitimer leurs titres après le délai mentionné dans l'art. 196, et après des répartitions faites, auront seulement le droit de recevoir, sur les recouvremens à faire ultérieurement par la masse, le même dividende déjà reçu par les autres Créanciers, et d'être compris dans les répartitions subséquentes.

208.

Le Créancier porteur d'engagemens solidaires entre le Failli et d'autres coobligés qui sont pareillement en faillite, participera aux distributions dans toutes les masses

23

jusqu'à son payement intégral, en principal, intérêts et frais ; sauf l'action de la masse dernière obligée, pour recevoir, à titre de garantie, l'excédant que les dividendes réunis des diverses masses pourraient présenter.

209.

Dans le cas où la faillite comprendrait plusieurs membres solidaires d'une société en nom collectif, le dessaisissement aura lieu non-seulement pour les biens de la société collective, mais encore pour les biens appartenans à chacun des associés personnellement.

En conséquence, les Syndics liquideront et réaliseront les biens propres aux associés en particulier, de la même manière que les biens de la société collective, et ils en tiendront un compte à part.

210.

Dans le cas prévu par l'article précédent, les recouvremens provenant de l'actif de la société ne seront répartis qu'aux Créanciers de ladite Société.

Quant aux recouvremens provenant des biens particuliers de chaque Failli, ils seront répartis, au marc-le-franc, entre ses Créanciers personnels et les Créanciers de la société : en conséquence, ces deux classes de Créanciers seront comprises dans les états de répartition de l'actif particulier de chaque Failli.

CHAPITRE 6.

Règles particulières à l'Administration des Syndics.

211.

Les Syndics auront la faculté de transiger sur les affaires litigieuses.

Toutefois, la transaction ne sera valable qu'après l'homologation du Tribunal de Commerce, obtenue en jugement, le Failli présent ou dûment appelé pour faire ses observations auxquelles le Tribunal pourra avoir, le cas échéant, tel égard que de raison.

212.

Les faits des Syndics ne pourront engager que l'actif de la masse, et jamais les biens particuliers des Créanciers.

L'article ci-dessus a paru nécessaire à la sécurité des Créanciers.
Ils ne confient à la gestion des Syndics que le patrimoine de la faillite.
Les Syndics ne peuvent donc pas les obliger sur autre chose.

213.

Les Syndics pourront faire assembler les Créanciers, sous la présidence du Juge-Commissaire, toutes les fois qu'ils jugeront à propos de consulter la masse sur les opérations importantes qu'ils auraient à faire.

Dans ces cas, le vœu de l'Assemblée se formera à la majorité, en sommes, des Créanciers présens.

Les Syndics observeront pour la convocation de ces Assemblées, les formalités prescrites par les art. 144, 145 et 146.

TITRE 11.

De la Cession volontaire de Biens.

OBSERVATION.

La Cession volontaire *de biens est un moyen de libération autorisé par la loi.*
(Articles 1265, 1266 et 1267 du Code Civil.)

Le mot volontaire *indique assez qu'elle dépend, uniquement, du consentement libre des parties, et qu'aucun Créancier ne peut être contraint d'y adhérer.*

Mais si tous les Créanciers l'acceptent, le contrat qui intervient doit être exécuté, parce qu'ils ont, en tout temps, le droit de traiter favorablement leur débiteur, et de lui faire remise, à telles conditions qu'ils jugent à propos.

214.

Les dispositions du titre précédent ne sont pas un obstacle à ce que le Failli qui n'a pas concordé, passe avec ses Créanciers un contrat de cession de biens volontaire, dont les stipulations seront exécutées conformément à l'art. 1267 du Code civil.

Mais ce contrat ne fera cesser l'effet des dispositions du titre précédent, qu'autant qu'il sera consenti par tous les Créanciers.

TITRE 12.

De la Demande du Failli en affranchissement de la Contrainte par corps.

OBSERVATIONS.

Le Failli qui n'a pas concordé, reste soumis à l'action de ses Créanciers, sur ses biens présens et à venir, et même sur sa personne.

Cependant, s'il a été malheureux et de bonne foi, l'humanité veut qu'il soit affranchi de la contrainte par corps.

La loi lui donne un double moyen d'obtenir cet affranchissement : la cession de biens volontaire, et la cession judiciaire.

Mais la cession volontaire dépend uniquement du consentement des Créanciers : s'ils le refusent, le débiteur reste contraignable.

L'admission de la cession judiciaire dépend, au contraire, de la justice des Magistrats. Elle est la dernière ressource du débiteur malheureux contre la rigueur de Créanciers inexorables.

Pourquoi cette ressource serait-elle enlevée au Failli ?

Le dessaisissement des biens au profit de la masse permet aux Créanciers d'en disposer, indépendamment de la volonté du débiteur.

Il a tous les effets de la cession judiciaire.

Mais, de ce que le débiteur n'a plus à faire à ses Créanciers l'abandon de ce qu'ils ont déjà, il ne s'ensuit pas qu'il doive être privé de la faveur de la loi qui admet la cession judiciaire comme un moyen d'affranchissement de la contrainte par corps. (Article 1270 du Code Civil.)

La Chambre pense donc que le Failli qui pourra prouver ses malheurs et sa bonne foi, doit, après avoir été dessaisi de ses biens présens et à venir, au profit de ses Créanciers, obtenir de l'autorité des Tribunaux l'affranchissement de la contrainte par corps, tout comme s'il avait été admis à la cession judiciaire.

24

215.

Le Failli qui, n'ayant ni concordé, ni passé avec ses Créanciers un contrat de cession de biens volontaire, croira mériter d'être affranchi de la contrainte par corps, se pourvoira, par ajournement, contre ses Créanciers, devant le Tribunal civil du domicile qu'il avait au moment de sa faillite.

Le certificat des Syndics, portant que le Failli *n'a pas concordé et qu'il a été dessaisi de ses biens*, le dispensera du dépôt de Livres, Bilan et titres, ordonné par l'article 898 du Code de Procédure civile au chapitre *de la Cession de Biens judiciaire*, ainsi que de la déclaration ordonnée par les articles 901 et 902 du même Code.

216.

Les Juges accorderont au Failli la liberté de sa personne, s'ils l'estiment digne de cette faveur, aux termes de la loi, et s'il n'est dans aucun des cas d'exception portés dans l'article 905 dudit Code.

TITRE 13.

Dispositions relatives au Jugement des Causes dans lesquelles une masse de Créanciers est intéressée, et à l'Enregistrement des Actes de la Faillite.

247.

Toutes les causes dans lesquelles les Syndics d'une faillite seront parties, devront être jugées sommairement et comme urgentes, par les Cours et Tribunaux où elles seront pendantes.

La lenteur du tour de rôle occasionnerait, presque toujours, un grave préjudice.

248.

Le Juge-Commissaire sera entendu dans toutes les affaires qui seront portées devant le Tribunal de Commerce investi de la connaissance de la faillite.

Le ministère public devra donner ses conclusions dans celles qui seront pendantes devant les Tribunaux Civils et les Cours Royales.

249.

Les procès verbaux et actes de la faillite, ainsi que les ordonnances des Juges-Commissaires, seront enregistrés gratuitement.

Les affiches qui seront apposées, seront exemptes du timbre.

TITRE 14.

De la Réhabilitation.

220.

Toute demande en réhabilitation du Failli sera adressée à la Cour Royale dans le ressort de laquelle il sera domicilié.

(Art. 604 du Code de Commerce.)

221.

Le demandeur sera tenu de joindre à sa pétition les quittances et autres pièces justifiant qu'il a acquitté intégralement toutes les sommes par lui dues, en principal, intérêts et frais.

(Art. 605 du Code de Commerce.)

222.

Le Procureur général près la Cour Royale, sur la communication qui lui aura été faite de la requête, en adressera des expéditions certifiées de lui, au Procureur du Roi près le Tribunal d'Arrondissement, et au Président du Tribunal de Commerce du domicile du pétitionnaire, et, s'il a changé de domicile depuis la faillite, au Tribunal de Commerce dans l'arrondissement duquel elle a eu lieu, en les chargeant de recueillir tous les renseignemens qui seront à leur portée, sur la vérité des faits qui auront été exposés.

(Art. 606 du Code de Commerce.)

223.

A cet effet, à la diligence, tant du Procureur du Roi que du Président du Tribunal de Commerce, copie de ladite pétition restera affichée, pendant un délai de deux mois, tant dans les salles d'audience de chaque Tribunal, qu'à la Bourse et à la Maison Commune, et sera insérée, par extrait, dans les papiers publics.

(Art. 607 du Code de Commerce.)

224.

Tout Créancier qui n'aura pas été payé intégralement de sa créance, en principal, intérêts et frais, et toute autre partie intéressée, pourront, pendant la durée de l'affiche, former opposition à la réhabilitation, par simple acte au Greffe, appuyé de pièces justificatives, s'il y a lieu. Le créancier opposant ne pourra jamais être partie dans la procédure tenue pour la réhabilitation, sans préjudice, toutefois, de ses autres droits.

(*Art.* 608 *du Code de Commerce.*)

225.

Après l'expiration des deux mois, le Procureur du Roi et le Président du Tribunal de Commerce transmettront, chacun séparément, au Procureur général près la Cour Royale, les renseignemens qu'ils auront recueillis, les oppositions qui auront pu être formées, et les connaissances particulières qu'ils auraient sur la conduite du Failli ; ils y joindront leur avis, sur sa demande.

(*Art.* 609 *du Code de Commerce.*)

226.

Le Procureur général près la Cour Royale fera rendre, sur le tout, arrêt portant admission ou rejet de la demande en réhabilitation. Si la demande est rejetée, elle ne pourra plus être reproduite.

(*Art.* 610 *du Code de Commerce.*)

227.

L'arrêt portant réhabilitation sera adressé tant au Procureur du Roi qu'aux Présidens des Tribunaux auxquels la demande aura été adressée. Ces Tribunaux en feront faire la lecture publique et la transcription sur leurs registres.

(*Art.* 611 *du Code de Commerce.*)

228.

Ne seront point admis à la réhabilitation, les stellionataires, les banqueroutiers frauduleux, les personnes condamnées pour fait de vol ou d'escroquerie, ni les personnes comptables, telles que les tuteurs, administrateurs ou dépositaires qui n'auront pas rendu ou apuré leurs comptes.

(*Art.* 612 *du Code de Commerce.*)

229.

Pourra être admis à la réhabilitation, le banqueroutier simple qui aura subi le Jugement par lequel il aura été condamné.

(*Art.* 613 *du Code de Commerce.*)

230.

Nul Commerçant Failli ne pourra se présenter à la Bourse, à moins qu'il n'ait obtenu sa réhabilitation.

(*Art.* 614 *du Code de Commerce.*)

25

TITRE 15.

Des Délits et des Crimes dans les Faillites.

OBSERVATIONS GÉNÉRALES.

La législation pénale des faillites n'est pas sans difficultés.

Le Code actuel est, certainement, très-sévère.

Cependant peu de banqueroutiers ont été punis.

Si, de temps à autre, quelques Faillis obscurs sont frappés des peines de la loi, ceux qui tiennent un rang plus distingué dans le commerce jouissent d'une constante impunité.

On peut dire que les coupables les plus élevés sont ceux sur lesquels la rigueur des lois s'appesantit le moins.

La Chambre a recherché quelles pouvaient être les causes de l'impunité dont on se plaint généralement : Voici les observations qu'elle a faites à cet égard.

I. Les poursuites que le ministère public doit exercer, d'après le Code actuel, sont de deux espèces :

Les unes purement facultatives ;

Les autres impératives.

Pour les premières, la loi dit que le Failli pourra être poursuivi ;

Pour les secondes, que le Failli sera poursuivi.

Le ministère public s'est presque toujours abstenu des poursuites facultatives, et ne les a exercées que très-rarement.

Les Faillis n'ont donc été presque jamais poursuivis, lorsqu'ils n'étaient que dans les cas de poursuites facultatives.

Il est vrai que ces cas portent, en général, sur des négligences et des imprudences.

Mais les négligences et les imprudences d'un négociant ont toujours concouru, plus ou moins, au désordre de ses affaires ; et, sous ce rapport, elles ont un caractère de gravité qui ne permet pas de les laisser impunies.

II. Un Failli qui ne doit pas être poursuivi comme banqueroutier frauduleux, peut se trouver cependant dans un ou plusieurs cas de banqueroute simple.

Les Créanciers désirent alors qu'il soit puni des peines correctionnelles prononcées par la loi. Quelquefois même cette punition serait nécessaire, pour le bon exemple.

Mais les frais des poursuites en banqueroute simple sont à la charge de la masse, lors même que le Failli est condamné. (Articles 589 et 590 du Code actuel.)

Des Créanciers qui perdent les trois quarts de ce qui leur est dû, ne veulent pas augmenter encore cette perte par des frais de justice.

Aussi les masses ne dénoncent jamais les Faillis au Procureur du Roi.

Cet inconvénient cessera lorsque les Créanciers ne seront plus soumis au payement des frais de poursuite en banqueroute simple.

III. *Les poursuites en banqueroute simple et en banqueroute frauduleuse sont un obstacle au concordat : le Failli poursuivi et condamné ne traite pas avec ses Créanciers.*

Or ceux-ci, qui redoutent le contrat d'union tel qu'il est actuellement établi, font tous leurs efforts pour empêcher des poursuites qui rendraient le concordat impossible. On a vu souvent les Créanciers s'efforcer de neutraliser et même de faire échouer l'action du ministère public.

Cet inconvénient, d'une nature singulière, disparaîtra lorsque la direction de la faillite aura été simplifiée en cas de non-concordat.

IV. *La banqueroute frauduleuse est punie de la peine des fers.*

Cette peine est bien moins sévère que celle que les anciennes lois prononçaient contre ce crime.

Toutefois, on ne peut se dissimuler qu'elle sera rarement appliquée à des Faillis qui ont tenu un rang distingué dans le Commerce : nos mœurs semblent répugner à ce qu'un négociant, dont l'état, les liaisons et les habitudes auront été constamment honorables, soit confondu avec les voleurs et les meurtriers.

La Chambre, convaincue que l'utilité des peines consiste moins dans leur rigueur, que dans leur exacte application, propose de substituer la réclusion aux travaux forcés. Elle pense qu'avec ce changement, le nombre des absolutions contre lesquelles on se récrie, sera moins considérable.

V. *Les peines de la banqueroute simple ne sont certainement pas trop sévères.*

Mais elles sont susceptibles d'une gradation mieux entendue, suivant que le Failli est coupable d'un plus grand ou d'un moindre nombre de fautes, et que ces fautes ont plus ou moins de gravité.

VI. *Il faut considérer le Bilan comme un compte que le Failli rend à ses Créanciers.*

La vérification de ce Bilan doit prouver si les pertes du Failli sont réelles ou supposées ; si ses dépenses sont modérées ou excessives ; si l'emploi de ses recettes est justifié, etc.

La rédaction du Bilan et sa vérification sont généralement négligées.

Il est nécessaire d'apporter plus de soins à cette double opération ; car lorsque les Officiers du ministère public sont réduits à leurs propres investigations pour découvrir les inexactitudes du Bilan, il est rare qu'ils y parviennent.

VII. Les comptes que les Agens et les Syndics rendent au Procureur du Roi, sont presque toujours insignifians et d'un très-faible secours pour ce Magistrat.

La Chambre a proposé des vues nouvelles à cet égard, dans ses observations sur le chapitre 3 du titre VII.

(Voyez ces observations pages 63 et suivantes.)

PROPOSITIONS DE LA CHAMBRE.

Dans le titre du Bilan, et dans les chapitres relatifs aux fonctions des Syndics, au rapport qu'ils doivent faire à l'Assemblée des Créanciers, et à la délibération de cette Assemblée, la Chambre a proposé des dispositions qui, si elles sont exécutées, feront connaître la véritable situation de la faillite, et mettront les Officiers du ministère public en état de diriger des poursuites utiles contre les Faillis qui seront en faute.

Dans le titre du Dessaisissement elle a proposé, pour les cas où il n'interviendrait pas de Concordat, un mode simple de parvenir à la liquidation des biens de la faillite, sans que la masse soit soumise aux formalités préalables d'un contrat d'union.

Au moyen de ces précautions on ne verra, vraisemblablement, plus les Créanciers entraver les poursuites dirigées contre le Failli.

L'action du ministère public peut avoir pour objet ou les fautes ou les fraudes du Failli. Voici les observations de la Chambre sur les unes et les autres.

§ 1er.

FAUTES DU FAILLI.

La Chambre appelle de ce nom, les faits qui constituent aujourd'hui la banqueroute simple.

Elle a divisé ces fautes en trois classes, relativement à leur plus ou moins de gravité.

La première comprend les négligences dans la tenue des livres et écritures.

Cette tenue est d'une grande importance.

Les écritures doivent contenir toutes les opérations d'un négociant, et présenter à chaque instant l'état exact de ses affaires.

La régularité de leur tenue est le premier devoir de tout commerçant.

Le Code contient, à cet égard, des dispositions fort sages et très-bien entendues.

Mais les meilleures lois sont inutiles lorsqu'elles ne sont pas exécutées.

Et elles cessent d'être exécutées lorsqu'on peut secouer leur joug, sans craindre d'être puni.

La Chambre pense donc qu'il faut une sanction pénale aux lois relatives à la tenue des livres.

Le négociant probe et prudent est toujours en règle.

Le téméraire et le dissipateur dédaignent des soins qu'ils qualifient de minutieux. Ils aiment à s'aveugler sur la situation de leur commerce et sur l'excès des dépenses qu'ils font.

Le désordre des écritures est ordinairement l'avant-coureur du désordre des affaires.

Il faut établir la morale dans le commerce.

Rien ne peut y concourir plus efficacement, que des habitudes d'ordre et d'économie.

Si la loi parvient à les rendre nécessaires, elle aura trouvé le meilleur moyen de diminuer le nombre des faillites.

Tel négociant espère de cacher l'excès de ses dépenses dans l'incorrection de ses écritures, qui serait plus circonspect s'il était plus sévèrement astreint aux obligations de la loi.

Le droit de timbre sert de prétexte à beaucoup de négocians pour ne pas avoir de journal paraphé.

Ce droit est très-léger depuis la loi du 16 juin 1824.

Toutefois la Chambre regarde la tenue régulière des livres prescrits par la loi, comme tellement essentielle, que, pour qu'il ne reste plus de prétexte de contrevenir à une obligation si impérieuse, elle demande que ces livres soient entièrement dispensés du timbre.

Mais, lors même que le Gouvernement ne jugerait pas convenable d'accorder cette dispense, la Chambre n'insiste pas moins sur la nécessité d'ajouter une sanction pénale à l'autorité des lois qui imposent aux négocians le devoir de tenir des écritures régulières.

Ainsi, tout Commerçant Failli qui ne se serait pas conformé à ces lois serait punissable, lors même que sa négligence ne couvrirait aucune fraude.

La seconde classe comprend des fautes plus graves.

Le négociant qui fait des dépenses excessives,

Qui se livre aux jeux imprudens des marchés à terme,

Qui ne se retirant pas du Commerce lorsque son actif est inférieur de 50 pour 100 à son passif, continue les affaires, et faillit lorsqu'il ne peut plus offrir qu'un dividende de 10 ou de 15 pour 100,

Qui donne des signatures de simple circulation, pour une somme excédant son actif,

Qui trompe le public en faisant supposer, par sa signature, qu'il a des associés, lorsque cependant il n'en a point,

Ou qui annonce un fonds capital qu'il n'a pas,

Mérite une peine correctionnelle plus forte:

26

Enfin, la Chambre a considéré comme étant dans un cas de faute encore plus grave, le négociant qui n'aurait pas tenu de Livre journal.

Une pareille négligence est sans excuse.

§ 2.

FRAUDES DU FAILLI.

Le Code actuel a précisé avec justesse et clarté les faits qui constituaient la banqueroute frauduleuse.

Il n'a cependant pas prévu un cas de fraude dont il y a plusieurs exemples ; celui où un Failli, ayant des associés, cache cette association à ses Créanciers et leur en soustrait la preuve.

La Chambre demande une disposition législative à cet égard, ainsi que pour le cas où le Failli, déjà au-dessous de ses affaires, soustrait à ses Créanciers une partie de l'actif qui lui reste, en faisant des donations à ses enfans.

CHAPITRE 1ᴱᴿ.

Fautes du Failli.

251.

Tout Commerçant Failli qui n'aura pas fait parapher son livre-journal et son registre d'inventaires, conformément à l'article 10 du Code ;

Qui n'aura pas fait son inventaire annuel, ou ne l'aura pas transcrit, année par année, sur le registre à ce destiné ;

Qui n'aura pas fait viser annuellement son livre-journal et son registre d'inventaires, conformément aux articles 10 et 11 du Code ;

Qui n'aura pas tenu régulièrement les livres voulus par la loi, par ordre de date, sans blancs, lacunes ni transports en marge ;

Qui n'aura pas inscrit, mois par mois, sur son livre-journal, ses dépenses de maison ;

Qui aura la passation des écritures de son journal arriérée de plus d'un mois, au moment de sa faillite ;

Qui n'aura pas déclaré sa faillite dans le délai fixé par l'article 2 du présent livre ;

Qui, sommé de comparaître devant les Agens ou Syndics, ne l'aura pas fait;

Qui n'aura pas dressé son Bilan après en avoir été sommé par les Syndics, ainsi qu'il est dit dans l'article 73 du présent Projet,

SERA condamné, pour chacun de ces cas, à un emprisonnement qui ne pourra pas être moindre de huit jours, ni excéder trois mois.

Lorsque le failli sera dans plusieurs des cas ci-devant, les Juges cumuleront les peines, sans néanmoins que cette cumulation puisse excéder une année d'emprisonnement.

252.

Tout Commerçant Failli dont les dépenses de maison, inscrites ou non inscrites sur son livre-journal, seront jugées excessives ;

Qui aura fait des pertes à des jeux de bourse ou à des spéculations sur la hausse ou sur la baisse des marchandises ;

Qui aura continué le commerce lorsque son dernier inventaire établissait que son actif était au-dessous de la moitié de son passif ;

Qui aura donné des signatures de pur crédit ou de simple circulation, pour une somme double de son actif ;

Qui, n'ayant aucune compagnie, aurait fait des actes de commerce, en ajoutant à sa signature les mots *et compagnie*;

Ou qui ayant annoncé, soit dans l'extrait d'un acte de société remis au greffe du tribunal, soit dans les lettres circulaires, l'existence d'un fonds capital ou de moyens pécuniaires pour son commerce, serait reconnu n'avoir pas eu ce capital, ou ces moyens, ou les avoir eu moins considérables qu'il ne les avait annoncés,

SERA, pour chacun de ces cas, condamné à un emprisonnement de trois mois au moins et d'une année au plus.

Lorsque le Failli sera dans plusieurs de ces cas, les Juges pourront cumuler les peines, sans néanmoins que cette cumulation puisse excéder deux années d'emprisonnement ; et ce, indépendamment de l'emprisonnement qui serait prononcé en vertu de l'article précédent.

253.

Tout Commerçant Failli qui n'aura pas tenu de livre-journal, sera condamné, pour ce fait, et indépendamment des autres peines qu'il aurait encourues d'après les deux articles précédens, à un emprisonnement de deux ans au moins et de quatre ans au plus, sauf d'être poursuivi criminellement dans le cas où il y aurait fraude de sa part.

254.

Si le Failli concorde avec ses Créanciers et leur donne au moins cinquante pour cent du principal de leur créance,

Et si, en même temps, les Créanciers le déclarent digne d'indulgence, les Juges ne le condamneront qu'au *minimum* des peines prononcées par les articles précédens.

Ils pourront même dans ce cas, si les circonstances leur paraissent atténuantes, le dispenser des peines prononcées par l'article 231.

Cette disposition est proposée afin d'exciter le débiteur à faire usage de toutes ses ressources, pour offrir à ses créanciers un dividende plus avantageux.

255.

Sont exceptés des peines prononcées par les articles ci-devant, pour défaut de livres ou irrégularité d'écritures, les Boutiquiers ou Marchands ne faisant que le détail, les Maçons, Serruriers, Boulangers, Bouchers et autres artisans de cette espèce.

Toutefois, s'ils ont tenu des écritures, ils devront les produire, quelle que soit leur forme; et la soustraction desdites écritures sera punie ainsi qu'il est dit dans l'article suivant.

CHAPITRE 2.

Fraude du Failli.

236.

Sera déclaré banqueroutier frauduleux, et, comme tel, puni de la réclusion, le Négociant Failli qui sera dans l'un des cas suivans :

1° S'il ne justifie pas de l'emploi de toutes ses recettes ;

2° S'il a supposé des dépenses ou payemens ;

3° S'il ne justifie pas de la réalité des pertes qui causent son déficit ;

4° S'il a caché à ses Créanciers quelque somme d'argent, quelque dette active, des marchandises, denrées ou effets mobiliers.

5º S'il a fait quelque vente, négociation ou donation simulée au préjudice de ses Créanciers ;

6º S'il a fait, soit à des étrangers, soit à ses enfans, des donations réelles, qui excèdent ce qui lui restait disponible en sus de ses dettes, et de ses engagemens de commerce, au moment desdites donations ;

7º S'il a acheté des biens meubles ou immeubles sous un prête-nom ;

8º S'il a supposé des dettes passives entre lui et des créanciers fictifs, sans cause ni valeur réelle ;

9º Si, ayant des associés solidaires, il ne les a pas désignés dans sa déclaration de faillite, ou s'il a soustrait les titres ou pièces constatant l'association ;

10º Si, ayant un ou plusieurs associés commanditaires, ou en participation, qui étaient encore débiteurs, en totalité ou en partie, de leur mise de fonds, il n'en a pas fait article dans son Bilan ;

11º S'il a détruit ou détourné, ou caché, tout ou partie de ses livres, écritures, lettres, traites et papiers relatifs à son commerce ;

12º Si, ayant été chargé d'un mandat spécial, ou constitué dépositaire d'argent, d'effets de commerce, de denrées ou marchandises, il a, au préjudice du mandat ou du dépôt, appliqué à son profit les fonds ou la valeur des objets sur lesquels portait, soit le mandat, soit le dépôt.

La peine sera portée au *maximum* si le Failli est dans plusieurs des cas ci-dessus.

237.

Ceux qui auraient prêté leur nom au Failli pour un achat quelconque de biens meubles' ou immeubles,

Ou pour quelque vente, négociation ou donation simulée,

Ou pour recéler tout ou partie des biens du Failli,

Ou pour supposer une dette passive qu'ils auraient affirmée sincère et véritable,

Seront poursuivis comme complices de la banqueroute frauduleuse, et punis de la peine de la réclusion ;

Ils seront, en outre, punis d'une amende égale à la valeur des objets recélés, ou des achats, ventes, négociations, donations ou dettes passives pour lesquelles ils seront convaincus d'avoir prêté leur nom au Failli. Cette amende sera appliquée à la masse des Créanciers de la faillite.

CHAPITRE 3.

Prévarication des Agens et Syndics.

OBSERVATIONS.

Soit que les Agens ou Syndics se laissent corrompre par le Failli, soit qu'ils abusent de leurs fonctions pour le pressurer, ils se rendent coupables d'une prévarication qui mérite une peine sévère.

238.

Tout Agent et tout Syndic qui, pendant la faillite ou après, aurait reçu, directement ou indirectement, du Failli lui-même, ou de ses parens, amis ou préposés, une somme d'argent, un don, un cadeau, un présent, une gratification ou une promesse quelconque, pour être favorable au Failli dans l'exercice des fonctions qui lui sont confiées par la loi, sera puni de six mois d'emprisonnement au moins et d'un an au plus.

Il sera, en outre, condamné à la restitution de ce qu'il aurait reçu, et à une amende triple de cette restitution.

239.

Le Failli qui aurait fait les donations ou promesses mentionnées dans l'article précédent,

Et ceux qui les auraient faites pour lui, si elles sont acceptées,

Seront soumis à l'emprisonnement prononcé par ledit article.

240.

La peine sera encourue par lesdits Agens et Syndics, lors même que les donations ou promesses, au lieu d'être acceptées par eux personnellement, l'auraient été par personnes interposées par eux.

241.

Les trois articles précédens sont applicables aux Agens et Syndics qui, se trouvant créanciers de la Faillite, recevraient, par un des moyens indiqués dans lesdits articles, un avantage quelconque en sus du dividende commun.

CHAPITRE 4.

Prévarication des Créanciers.

OBSERVATIONS.

Le sort des Créanciers doit être égal en cas de faillite.

Cependant il est rare que, dans une faillite quelconque, il n'y ait pas des Créanciers qui parviennent à obtenir un traitement plus avantageux que les autres.

Ils font souscrire au Failli, des engagemens dont la date, laissée en blanc, est ensuite remplie après l'homologation du concordat.

D'autres, plus avides encore, ne se contentent pas d'engagemens à terme ; ils parviennent, par leurs menaces, à se faire donner par le Failli, des valeurs ou des marchandises qui faisaient partie de l'actif appartenant à la masse.

C'est là un véritable vol fait à la masse, car le Failli ne peut plus disposer de ses biens.

La Chambre demande que ces avantages illégaux soient punis lorsqu'ils seront découverts.

242.

Toutes obligations ou promesses qu'un Créancier aurait obtenues du Failli, pour avoir un sort plus avantageux que les autres, sont nulles si elles ont été faites avant l'homologation du concordat.

243.

Tout Créancier qui, depuis l'ouverture de la Faillite, serait parvenu à obtenir du

Failli , soit une somme en argent, soit des valeurs, effets ou marchandises qui devaient faire partie de l'actif de ladite Faillite , sera tenu de les rapporter à la masse ; il sera condamné , en outre , à une amende double de la valeur à rapporter , et demeurera déchu de son droit de créance envers la masse.

244.

Ceux qui , sans être réellement Créanciers , se présenteront comme tels à l'Assemblée mentionnée à l'article 26, et qui concourront aux opérations de ladite Assemblée, seront condamnés à un emprisonnement d'un mois au moins , et de six mois au plus , et , en outre , à une amende qui ne pourra être au-dessous de mille francs, ni excéder six mille , laquelle sera appliquée à la masse de la Faillite.

CHAPITRE 5.

Poursuites du Ministère public.

245.

Le Procureur du Roi poursuivra d'office, soit dès l'ouverture de la faillite, s'il le juge à propos, soit après avoir reçu l'extrait du procès verbal de l'Assemblée des Créanciers, rédigé en conformité de l'art. 163.

Les frais de poursuites ne seront pris, dans aucun cas, sur les biens de la masse.

> Faire supporter les frais de poursuite à la masse , c'est faire peser sur les Créanciers les délits de leur débiteur ;
>
> C'est mettre ces Créanciers dans le cas de cacher les torts du Failli , quelques graves qu'ils soient ;
>
> C'est leur faire craindre des poursuites qui , dirigées dans l'intérêt de la loi , sont cependant payées par eux.
>
> Tels sont les motifs qui ont engagé la Chambre à proposer , à cet égard , une disposition contraire aux articles 589 et 590 du Code actuel.

246.

Les Procureurs du Roi poursuivront aussi le Failli, sur les plaintes des Créanciers qui se porteront parties civiles.

247.

Dans les trois jours qui suivront la clôture du procès verbal mentionné dans l'art. 163, le Greffier sera tenu d'en adresser une expédition, certifiée par lui, au Procureur du Roi, et de joindre à cet envoi une expédition, également certifiée, du rapport des Syndics annexé audit procès verbal conformément à l'art. 152.

Le Greffier sera passible d'une amende de vingt francs pour chaque jour de retard.

248.

Dans tous les cas où le Procureur du Roi exercera des poursuites, il pourra, ainsi que le Juge d'Instruction, se transporter au domicile du Failli ou des Faillis, assister à la rédaction du bilan, ou en prendre connaissance s'il est rédigé; assister pareillement à l'inventaire et autres actes de la faillite; se faire représenter les livres et écritures, ainsi que les procès verbaux; prendre tous les renseignemens qui en résulteront, et faire les actes ou poursuites qu'il estimera nécessaires; le tout d'office et sans frais.

(Art. 489 du Code de Commerce.)

249.

Lorsque le Procureur du Roi poursuivra le Failli en banqueroute frauduleuse, il en donnera connaissance, sans délai, au Juge-Commissaire, et, dans ce cas, ce Commissaire ne pourra proposer, ni le Tribunal accorder de sauf-conduit au Failli.

(Art. 490 du Code de Commerce.)

250.

Dans ce même cas, il ne pourra pas être passé de Concordat avec le Failli, à moins que le Failli, étant mis en jugement, ne soit acquitté.

En conséquence, l'Assemblée des Créanciers, formée en conformité de l'art. 148, délibérera si elle dessaisit à l'instant même le Failli poursuivi en banqueroute frau-

28

duleuse, ou si elle renvoie toute décision après le jugement qui interviendra sur cette poursuite.

251.

Seront tenus, les Syndics de la faillite, de remettre aux Procureurs du Roi et à leurs Substituts, toutes les pièces, titres, papiers et renseignemens qui leur seront demandés.

(Art. 601 du Code de Commerce.)

252.

Les pièces, titres et papiers délivrés par les Syndics, seront, pendant le cours de l'Instruction, tenus en état de communication par la voie du Greffe; cette communication aura lieu sur la réquisition des Syndics, qui pourront y prendre des extraits privés, ou en requérir d'officiels qui leur seront expédiés par le Greffier.

(Art. 602 du Code de Commerce.)

253.

Lesdites pièces, titres et papiers seront, après le jugement, remis aux Syndics qui en donneront décharge; sauf, néanmoins, les pièces dont le jugement ordonnerait le dépôt judiciaire.

(Art. 603 du Code de Commerce.)

254.

Pour les poursuites à faire contre les Agens, Syndics et Créanciers, dans les divers cas prévus par les chapitres 3 et 4 du présent titre, les Procureurs du Roi agiront ainsi qu'il est porté au Code d'Instruction criminelle.

CHAPITRE 6.

Publicité des Jugemens de condamnation.

255.

Tout Jugement ou Arrêt qui prononcera une des peines déterminées par les quatre premiers chapitres du présent titre, sera imprimé et affiché à la poursuite des Procureurs du Roi, et inséré dans le Journal d'Annonces judiciaires, conformément à l'art. 683 du Code de Procédure civile.

(Art. 599 du Code de Commerce.)

La Chambre de Commerce de Marseille, après avoir entendu la lecture du Projet ci-dessus sur les Faillites & Banqueroutes, l'adopte en son entier, pour être adressé à Sa Grandeur Monseigneur le Garde des Sceaux.

Marseille, le 7 Septembre 1827.

COMTE DE VILLENEUVE, *Préfet des Bouches-du-Rhône,*
Président de la Chambre de
Commerce de Marseille.

LUCE, *Président de Semaine.*

MICHEL ROUSSIER, *Secrétaire.*

Pilulæ

www.ingramcontent.com/pod-product-compliance
Lightning Source LLC
Chambersburg PA
CBHW062009200326
41519CB00017B/4728